GUILLERMO MALDONADO

# *La* INMORALIDAD SEXUAL

*Descubra los pasos para prevenir los malos pensamientos
y vivir con una mente pura y limpia*

GUILLERMO MALDONADO

INMORALIDAD
SEXUAL

# *La*
# INMORALIDAD
# SEXUAL

**Nuestra Misión**
Llamados a traer el poder sobrenatural de Dios a esta generación.

*La Inmoralidad Sexual*
Edición agosto 2008
ISBN: 978-1-59272-145-0

Todos los derechos son reservados por el Ministerio Internacional
El Rey Jesús/Publicaciones.

Portada:
*ERJ Publicaciones*

Categoría:
Sanidad Interior

Publicado por:
*Ministerio Internacional El Rey Jesús*
14100 SW 144th Ave. Miami, FL 33186
Tel: (305) 382-3171

Impreso en los Estados Unidos de América

# AGRADECIMIENTO

Agradezco siempre a Dios por haberme mirado y escogido para servirle. A mi esposa e hijos, por estar a mi lado de modo incondicional. Gracias al Espíritu Santo por revelarme la voluntad de Dios para mi vida y ministerio; y por todas las personas que ha puesto en mi camino para cumplir con su visión. Gracias a todas aquellas personas que, de una u otra forma, han sido partícipes de la liberación de muchos hijos de Dios que estaban atados por las mentiras del enemigo.

# AGRADECIMIENTO

# ÍNDICE

# ÍNDICE

# INTRODUCCIÓN

La inmoralidad sexual es un tema del que casi no se habla en la iglesia ni en la familia, aunque sabemos que hay mucha necesidad de saber acerca de él. La inmoralidad sexual incluye: masturbación, homosexualidad, promiscuidad por elección, incesto, abuso, adulterio, fornicación, bestialismo, fantasías sexuales, pornografía y programas de televisión obscenos. Todos estos actos conducen a las personas a ser tentadas y a desgastar su resistencia a la tentación que ellos representan. Son actos ilícitos que están destruyendo los hogares, sometiendo tanto a niños como a adultos y, por consiguiente, a naciones enteras.

## LA INMORALIDAD SEXUAL ES UNA ACTITUD DEL CORAZÓN

De acuerdo a lo que Jesús enseña, la impureza sexual comienza antes de actuar en la inmoralidad, dado que crece en actitudes del corazón.

*"[27] Oísteis que fue dicho: "No cometerás adulterio". [28] Pero yo os digo que cualquiera que mira a una mujer para codiciarla, ya adulteró con ella en su corazón". Mateo 5.27, 28*

Cada uno de nosotros, quizás, haya sentido o sienta deseos de actuar de una forma inmoral; pero no lo ha hecho porque no ha tenido la oportunidad de cumplir esos deseos. Sin embargo, el acto de entretener deseos y pensamientos sucios es tan pecado como si se actuara en ellos. Ahora, refiriéndonos a hechos, una vez que el acto físico ha sido cometido, resulta en una ligadura del alma; y esto es más profundo de lo que algunas personas piensan. Por eso, Pablo dice:

*"16¿O no sabéis que el que se une con una ramera, es un cuerpo con ella?, porque ¿no dice la Escritura: «Los dos serán una sola carne»?". 1 Corintios 6.16*

Cuando se lleva a cabo el acto sexual, no solamente se hace una ligadura en el alma, sino que también se vuelve una sola carne con la otra persona; y todos los espíritus e influencias malas que una persona tenga, pasan a la otra y viceversa. Lo más tremendo de todo es que hay muchos cónyuges —sean hombres o mujeres— que llevan la contaminación a su casa y a su familia. De esa forma, todos son influenciados por esos espíritus. Por eso es necesario que, si alguien ha cometido adulterio, for-nicación o cualquier otro acto inmoral, sea ministrado en liberación y sanidad interior. El apóstol Pablo es tan estricto con la inmoralidad sexual, que le habla a los efesios de una manera muy fuerte al referirse a este tema.

*"3Pero fornicación y toda impureza o avaricia, ni aun se nombre entre vosotros, como conviene a santos". Efesios 5.3*

Conozco casos en los cuales una persona ha caído en un pecado sexual; los pastores y líderes la disciplinan —y eso es correcto–, pero no le ministran liberación; lo cual es como quitar la telaraña y dejar la araña. Luego, restauran a la persona a la posición que ocupaba antes en la iglesia, pero después de un tiempo, inevitablemente, vuelve a caer. La razón de su recaída es que nunca fue libre de la raíz de su problema. En este tipo de casos, se debe ministrar una liberación profunda.

CAPÍTULO I

# LA BATALLA DE LA MENTE
# Y LA INMORALIDAD SEXUAL

# ¿Cómo comienza la mayor parte de pecados sexuales?

Ningún hombre decide un día, de un momento a otro, cometer adulterio con la esposa de otro hombre, la secretaria, la consejera, la pianista, el líder de alabanza o quien sea. Primero, se siembra una semilla la cual dará fruto; ya sea de forma positiva o —como en este caso— de forma negativa. Todos los pecados sexuales empiezan con la siembra de una semilla en la mente, en forma de mal pensamiento. A veces parece ser una acción muy inocente y amable; pero lo que empezó bien puede terminar mal, si no es dirigido correctamente. Jesús habló en una de sus parábolas acerca de un hombre que sembró una semilla en su campo. La semilla creció, pero juntamente con ella, también creció la cizaña. Cuando el hombre preguntó cómo había sucedido esto, él le contestó: "el enemigo sembró la mala semilla durante la noche".

*"25... mientras dormían los hombres, vino su enemigo y sembró cizaña entre el trigo, y se fue. 26Cuando brotó la hierba y dio fruto, entonces apareció también la cizaña". Mateo 13.25, 26*

Esto es una tipología de que el enemigo o el diablo siembra un pensamiento cuando la persona está en el momento de mayor vulnerabilidad, debilidad, flaqueza, o mala relación con su cónyuge; cuando se siente sola, cuando necesita apoyo emocional y no lo está recibiendo en la casa. La noche representa el momento de mayor vulnerabilidad. Ese es el momento cuando el enemigo planta el mal pensamiento en forma de semilla. La semilla mala empieza a crecer juntamente con la semilla buena; y de repente, una mirada de la persona, un toque físico, una palabra de ánimo o un halago, activa el deseo carnal y sensual que lleva a la acción. En ese momento, debemos estar atentos a lo que el Espíritu Santo nos habla y nos advierte.

Jesús dijo lo siguiente en Mateo 5.28

*"28Pero yo os digo que cualquiera que mira a una mujer para codiciarla, ya adulteró con ella en su corazón".*

Si un hombre o una mujer, deliberadamente, medita y se imagina en una situación de adulterio, hasta el punto de visualizar la acción y el sentimiento del deseo sexual con una persona en particular —aunque el pecado exterior o físico no se haya cometido—, el pecado de inmoralidad ya tomó lugar en su corazón. Pudo ser un beso deliberado, visualizaciones, fantasías sexuales, imaginaciones o una meditación voluntaria en esos pensamientos sexuales. La otra manera como Jesús nos ilustra una verdad o un principio, es la siguiente: el comienzo se da con **una semilla sembrada en la mente en forma de mal pensamiento**. Esto es tan peligroso como un gran árbol plantado; porque si el pensamiento no se rechaza, la semilla crece y, eventualmente, tendrá que recogerse la cosecha, que consiste en las terribles consecuencias que acarrea el pecado. No es pecado ser tentado con pensamientos sexuales; lo que es pecado es entretener este tipo de pensamientos que nos provocan malos deseos.

No podemos evitar que los pájaros vuelen sobre nuestra cabeza; pero sí podemos evitar que hagan nido y pongan sus huevos en nuestra mente. A esos malos pensamientos, la palabra de Dios les llama "huevos de áspid", que son sembrados en nuestras mentes por el enemigo, si se lo permitimos.

*"Incuban huevos de áspides, y tejen telas de arañas; el que comiere de sus huevos, morirá; y si los apretaren, saldrán víboras". Isaías 59.5*

## ¿Qué se puede hacer para evitar o vencer los malos pensamientos?

*"12Bienaventurado el hombre que soporta la tentación, porque cuando haya resistido la prueba, recibirá la corona de vida que Dios ha prometido a los que lo aman. 13Cuando alguno es tentado no diga que es tentado de parte de Dios, porque Dios no puede ser tentado por el mal ni él tienta a nadie; 14sino que cada uno es tentado, cuando de su propia pasión es atraído y seducido". Santiago 1.12-14*

Ciclo de la tentación:

❖ Atracción

❖ Seducción

❖ Concepción

❖ Consumación

❖ Muerte

Si una persona es atraída por su propia concupiscencia, se sentirá seducida y comenzará a jugar con malos pensamientos, en vez de reprenderlos. Esos pensamientos se establecerán en su mente, y darán lugar a la concepción del pecado. Ésta es la etapa del embarazo –hasta este momento, todavía no ha habido pecado físico–. Luego de esta etapa, viene la consumación, que es el acto físico. He encontrado un común denominador en muchas personas que han cometido adulterio, pecados sexuales o fornicación, y que han visto la destrucción de sus familias y matrimonios. El común denominador es que ellos, tiempo atrás, ya habían aceptado el pecado en su mente y su corazón. Luego que el enemigo les envía tentaciones por medio de pensamientos a su mente, todavía ocurren ciertas etapas en el transcurso del tiempo, antes que el acto físico se lleve a cabo. Por ejemplo:

## ¿Qué sucede si jugamos con pensamientos de adulterio y fornicación?

- La atracción en su mente va destruyendo las barreras de la santidad.

- La atracción en su mente va destruyendo las barreras de la moralidad y el temor de Dios.

- La atracción de la tentación va construyendo barreras que nos separan de la intimidad con Dios.

Después de esto, la persona acepta la atracción y la concibe; es entonces que se convierte en pecado en la mente y el corazón.

**Testimonio:** Éste es el caso de un hombre de Dios que tenía un gran ministerio, que alcanzaba a miles de personas por radio y televisión. Lamentablemente, después de un tiempo, el ministro cometió adulterio. Pero hay que tener presente que su pecado no comenzó en ese momento. Varios años antes él había pecado en su mente y en su corazón; pues fue atraído y seducido; concibió el pecado y, finalmente, lo consumó. Esto lo condujo a la muerte. Lo más importante que el hombre tiene es su corazón. Dios creó el corazón del hombre para que de él surgiera vida; pero debemos guardarlo porque de él también pueden salir cosas malas.

*"23Sobre toda cosa que guardes, guarda tu corazón, porque de él mana la vida". Proverbios 4.23*

Jesús dice: "no son los alimentos los que contaminan al hombre; no es lo de afuera, sino lo que sale del corazón". Muchas personas piensan que hay pecado solamente si éste es consumado. No creen que jugar y entretener los pensamientos malos en la mente sea pecado. Pero, hay una pregunta que debemos hacernos.

## ¿Qué tipo de pensamientos Dios espera de un creyente?

¿Cree que Dios es honrado por fantasías sexuales de adulterio y fornicación? ¿Cree que Dios es honrado con pensamientos de avaricia, hurtos, venganzas, homicidios, juicio, amargura, soberbia, lascivia e insensatez? Claro que no; eso es pecado contra Dios.

*"<sup>6</sup>...para que en nosotros aprendáis a no pensar más de lo que está escrito...". 1 Corintios 4.6*

Jesús nos enseña de dónde vienen todas las cosas malas.

*"<sup>21</sup>...porque de dentro del corazón de los hombres, salen los malos pensamientos, los adulterios, las fornicaciones, los homicidios...". Marcos 7.21*

Cuando existe algo de lo mencionado anteriormente, en nuestro corazón, el enemigo vendrá a tentarnos con pensamientos que activen lo que hay allí para que caigamos en pecado. Pablo nos da una lista, que veremos más adelante, de lo que debemos pensar. Por ahora, analicemos lo que dice la Biblia Amplificada en Marcos 7.21

*"<sup>21</sup>Pues de su interior, o sea, del corazón del hombre, vienen pensamientos bajos y malvados (inmoralidad sexual, robo, homicidio, adulterio), codicia (avaricia, el deseo de tener más riquezas), maldad peligrosa y destructiva, engaño, conducta no*

*restringida (indecente) y mal de ojo u ojo malvado (envidia); difamación (hablar malicia), representación fraudulenta (injuria), orgullo (la escena de un corazón altivo contra Dios y el hombre), necedad (tontería, falta de sentido común, imprudencia). Toda esta maldad (propósito y deseo) viene del interior y hacen al hombre sucio y falto de santidad".*

Entonces, ¿en qué debemos pensar?

*"⁸Por lo demás, hermanos, todo lo que es verdadero, todo lo honesto, todo lo justo, todo lo puro, todo lo amable, todo lo que es de buen nombre; si hay virtud alguna, si algo digno de alabanza, en esto pensad. ⁹Lo que aprendisteis, recibisteis, oísteis y visteis en mí, esto haced; y el Dios de paz estará con vosotros".*
*Filipenses 4.8, 9*

Lo que el apóstol nos está diciendo, es lo siguiente: piense, pese y tome responsabilidad por cada actitud y pensamiento. Fije su mente en cada una de las virtudes citadas anteriormente y el resultado que obtendrá será paz en su mente y en su corazón.

*"⁷Y la paz de Dios, que sobrepasa todo entendimiento, guardará vuestros corazones y vuestros pensamientos en Cristo Jesús".*
*Filipenses 4.7*

*"³Tú guardarás en completa paz a aquel cuyo pensamiento en ti persevera, porque en ti ha confiado". Isaías 26.3*

Dios está interesado, no solamente en lo que hacemos, sino también en lo que pensamos. Hemos tomado la idea equivocada, porque creemos que solamente es malo hacer o cometer el pecado y que no es tan malo el pensar en él. Pero, la Palabra es clara al respecto cuando dice:

*"¹²La palabra de Dios es viva, eficaz y más cortante que toda espada de dos filos: penetra hasta partir el alma y el espíritu, las coyunturas y los tuétanos, y **discierne los pensamientos y las intenciones del corazón".** Hebreos 4.12*

Dios espera que nuestra vida sea pura. Entonces, ¿por qué existe tanto pecado en las iglesias y en el mundo? Porque nuestra mente está contaminada de pensamientos que nos llevan a pecar. El medio que nos rodea constantemente bombardea nuestra mente con muchos pensamientos e imágenes que incitan al pecado. Estas imágenes son presentadas en la televisión, el cine, los anuncios publicitarios y en todos los medios de comunicación. ¡Por eso, estamos como estamos! Es terrible ver matrimonios destruidos, hijos en rebelión, por causa del divorcio; creyentes apartados porque alguien los hirió, o porque jugaron con malos pensamientos en vez de cortarlos a tiempo. El que comete pecados sexuales, lo hace porque, mucho antes de cometerlos, ya los había concebido en su mente y en su corazón.

La persona que acepta el mal pensamiento, lo hace creyendo que nunca va a llegar a cometer el hecho; pero, cuando el diablo le presenta la oportunidad, entonces lo consuma; porque ya lo había aceptado en su mente.

Como mencionamos anteriormente, todos los que han caído en pecados sexuales, confiesan haber aceptado un pensamiento relacionado con ese pecado hace meses o años atrás; y todos creyeron que lo podían dominar. Es como el caso de los adictos al alcohol o a las drogas. Ellos dicen: "yo puedo parar en cualquier momento" y la realidad, es que no lo pueden hacer.

**¿Cómo podemos prevenir el pecado y no llegar a la muerte?**

*"...armaos de este mismo pensamiento...".*

*"¹Puesto que Cristo ha padecido por nosotros en la carne, vosotros también* **armaos del mismo pensamiento,** *pues quien ha padecido en la carne, terminó con el pecado, ²para no vivir el tiempo que resta en la carne, conforme a las pasiones humanas, sino conforme a la voluntad de Dios". 1 Pedro 4.1, 2*

Jesús tomó el pecado como suyo y nos dio la victoria sobre los malos pensamientos. Ármese, entonces, de ese pensamiento, pues Jesús padeció por nosotros y terminó con el pecado. ¡Es posible vivir libre de los malos pensamientos! ¡Ya no tenemos que estar dominados ni controlados por ellos! Tengamos en cuenta que la palabra que usa Pedro es *"armaos"*; porque cuando nos "armamos de" o "adoptamos" el pensamiento de Jesús, éste viene a convertirse en un arma de guerra, según la traducción de la Biblia Amplificada, la cual dice así:

*"¹Puesto que Cristo ha padecido por nosotros en la carne, armaos del mismo pensamiento y propósito (sufriendo pacientemente antes de desagradar a Dios); pues quien ha padecido en la carne, (teniendo la mente de Cristo), terminó con el pecado (intencionalmente ha parado de agradarse a sí mismo y al mundo para agradar a Dios)". 1 Pedro 4.1*

## ¿Qué se necesita para seguir a Cristo?

Recuerde que servir a Cristo y ser creyente no es una carrera de velocidad, sino de resistencia. De nada vale servir a Dios con todo el corazón por un tiempo, si luego se termina mal. Cada uno de nosotros necesita tener perseverancia y consistencia en buscar a Dios y depender de Él.

## ¿Cuáles son los pasos para prevenir los malos pensamientos y vivir con una mente pura y limpia?

Debemos manejar nuestros pensamientos. No podemos dejarnos controlar ni seducir por ellos, pues somos el fruto de nuestros pensamientos. Aquello que pensamos, ciertamente, llegará a nuestro corazón; y de la abundancia del corazón, hablará nuestra boca; y en lo mismo se basarán nuestros actos.

*"¹⁹Oye, tierra: Yo traigo el mal sobre este pueblo, el fruto de sus pensamientos, porque no escucharon mis palabras y aborrecieron mi Ley". Jeremías 6.19*

Los siguientes son los pasos para prevenir los malos pensamientos:

1. **Cortar y arrepentirnos de esos malos pensamientos.** Cada persona que desee agradar a Dios, debe romper el ciclo de malos pensamientos que haya estado consintiendo; y cambiar de mentalidad. También debe reconocer si ha tenido pensamientos impuros, de odio, venganza, juicio, robo, codicia, adulterio y fornicación, y arrepentirse de ellos.

2. **Activar un nuevo ciclo con nuevos pensamientos de vida.** Una vez que hayamos cortado con el ciclo de malos pensamientos, debemos activar el ciclo de nuevos pensamientos o forma de pensar, que nos conduzca a agradar a Dios con nuestra mente. En todo esto, tenemos que entender que el Señor conoce nuestros pensamientos.

*"[11]Jehová conoce los pensamientos de los hombres, que son vanidad". Salmo 94.11*

No es fácil mantenerse en el espíritu, porque el mundo ataca nuestra mente constantemente; por lo tanto, requiere de un gran esfuerzo. Para lograrlo, tenemos que dejar atrás todo lo que nos conduce a pecar. Recuerde, en nuestras propias fuerzas es imposible vencer los malos pensamientos. Tenemos que pedir la ayuda del Espíritu Santo y tomar una decisión firme de renunciar a ellos.

3. **Entrar en un pacto con Dios para mantener una mente pura y limpia.** Para lograrlo, es importante que tenga en cuenta las siguientes preguntas: ¿Qué pensamientos ha estado entreteniendo en su mente? ¿Han sido pensamientos impuros, sexuales, de adulterio, de juicio, de venganza, de ira, de odio? Si su respuesta es afirmativa a cualquiera de ellos, lo primero que debe hacer es arrepentirse y hacer un pacto con Dios de mantener una mente pura y limpia. ¡Hágalo, ahora mismo!

4. **Llevar todo pensamiento cautivo.**

*"⁵Derribando argumentos y toda altivez que se levanta contra el conocimiento de Dios, y llevando cautivo todo pensamiento a la obediencia a Cristo". 2 Corintios 10.5*

Cada vez que esos pensamientos vengan a su mente, ordéneles con su boca que se vayan, y no los entretenga. Cuando venga un pensamiento malo, llévelo cautivo y reemplácelo con un pensamiento bueno. La palabra de Dios nos ordena pensar en todo lo bueno, lo amable, lo que tiene buen nombre. En todo lo que es santo, *"en esto pensad"*.

El siguiente es un resumen de lo que estudiamos anteriormente; luego del cual, continuaremos explicando en detalle los pecados sexuales.

→ La inmoralidad es una actitud del corazón.

→ La mayor parte de los pecados sexuales comienzan con la siembra de una semilla en la mente, en forma de mal pensamiento. El enemigo sembrará ese mal pensamiento en el momento de menor resistencia espiritual o de mayor debilidad.

→ Una vez que el pensamiento se convierte en un acto físico, resultará en una ligadura emocional.

→ Jesús dijo que no se debe entretener o jugar con malos pensamientos; pues, al hacerlo, ya se comete adulterio en el corazón.

→ La manera de eliminar esos malos pensamientos es llevarlos cautivos a la obediencia a Cristo.

# La inmoralidad sexual y los demonios

P ecados sexuales o impureza sexual. Según el libro de Gálatas, existen cuatro pecados sexuales de los cuales se deriva el resto de ellos. Estos pecados son: adulterio, fornicación, inmundicia y lascivia.

El apóstol Pablo habla de las obras de la carne, comenzando con los pecados que se relacionan con el cuerpo. En mi experiencia ministrando liberación a hombres he encontrado que, en promedio, siete de cada diez varones, enfrenta problemas sexuales. Lamentablemente, éste es uno de los temas que menos se habla en las iglesias; siendo como tal, uno de los pecados que más abunda en ella. Este tipo de pecado es el culpable de que muchas familias estén rotas en la iglesia de Cristo, y aun más, que muchos ministerios hoy estén destruidos.

## 1. ¿Qué es el pecado de adulterio?

Adulterio es la palabra griega "moijeía", que denota la acción de mantener relaciones sexuales con otra persona fuera del matrimonio. Éste es un pecado de la carne, el cual viola los principios bíblicos establecidos por Dios. El adulterio siempre ha sido una epidemia en el cuerpo de Cristo y en el mundo. Hemos encontrado que tanto ministros como ministerios muy reconocidos, se han destruido por causa del mismo. Nosotros, como iglesia, debemos hablar y confrontar efectivamente este problema para pre-venir que suceda, y para tener un pueblo saludable y puro delante de Dios.

## 2. ¿Qué es la fornicación?

Fornicación es la palabra griega *"porneía"* –de la cual también se deriva la palabra pornografía–. Ésta es una relación sexual entre dos personas que no están casadas. Es una relación ilícita, aunque vivan juntas.

Muchas personas conviven y tienen hijos, pero no están casadas. Por eso la bendición de Dios no llega a sus hogares en su totalidad. Las personas no se quieren casar porque no quieren comprometerse. Su pensamiento suele ser: "Si esta unión no funciona, me separo y busco otra persona". Están buscando la persona ideal, y mientras tanto, viven juntos y están pecando contra Dios. Si usted no está casado, aunque tenga cuatro hijos, está viviendo en fornicación y esto es un pecado de la carne, el cual Dios castiga grandemente.

### ¿Cuáles son los cuatro tipos de adulterio y fornicación?

❖ **Adulterio de los ojos.** El deseo de los ojos es una de las principales raíces de pecado. Por esta razón Job hizo un pacto con sus ojos, de no ver con codicia a una mujer virgen. La traducción de la Biblia Amplificada dice así en Job 31.1: *"He dictado un pacto (un acuerdo) a mis ojos, ¿cómo podría mirar con lascivia o con codicia a una muchacha?"*. Recordemos que los hombres son tentados, primeramente, a través de sus ojos. Por esta razón, los hombres deben tener convicción de pecado, y tomar la decisión de hacer un pacto para mirar a la mujer con pureza.

*"Hice pacto con mis ojos, ¿cómo, pues, había yo de mirar a una virgen?".* Job 31.1

❖ **Adulterio del corazón.** De acuerdo a la Palabra, no es pecado ver a una mujer y admirar su belleza si hay pureza en el corazón; pero sí es pecado mirarla para codiciarla. Cuando esto ocurre, ya se cometió adulterio en el corazón.

*"27Oísteis que fue dicho: No cometerás adulterio".* Mateo 5.27

❖ **Adulterio de la mente.** Hay personas que juegan, continuamente, con pensamientos de sexo ilícito. Si una persona tiene este tipo de fantasías sexuales en su mente, es como si hubiera cometido el pecado en sí. De hecho, comete el pecado en su mente de continuo.

❖ **Adulterio del cuerpo.** Este tipo de pecado es la consumación, el acto físico de lo que entró por los ojos, se meditó y se concibió. Es ejecutar físicamente lo que comenzó como un pensamiento. Al unirse sexualmente, las personas acarrean ligaduras físicas, emocionales, espirituales, y además, ocurre una transferencia de espíritus. Esto sucede porque, en el momento en que están juntos íntimamente, se hacen una sola carne. En el lenguaje de liberación, eso se llama **"ligaduras del alma"**. Es por eso que, a las personas que están cometiendo el pecado de fornicación y adulterio, se les hace difícil separarse. Quieren dejar el pecado, pero no pueden. Alguien tiene que ayudarlos porque han caído en el lazo del enemigo. Éste es un pecado que sale directamente del corazón; por eso, es tan contaminante.

¿Cuál es la actitud de la persona que vive en adulterio y fornicación? "¡Nadie me ve!". Recordemos que aunque nadie nos vea aquí en la tierra, hay uno que ve todo desde el cielo, y ése es Dios.

*"¹⁵La noche está aguardando el ojo del adúltero, del que dice: 'No me verá nadie', y esconde su rostro".* Job 24.15

Los cuatro tipos de adulterio y fornicación comienzan con un pensamiento; el cual, si lo entretenemos, contamina el corazón, los ojos y el cuerpo.

¿Qué hacemos con personas que están viviendo en adulterio y fornicación?

❖ Apartarse de ellos.

*"11Más bien os escribí para que no os juntéis con ninguno que, llamándose hermano, sea fornicario, avaro, idólatra, maldiciente, borracho o ladrón; con el tal ni aun comáis. 13...Quitad, pues, a ese perverso de entre vosotros".*
*1 Corintios 5.11, 13*

En conclusión, podemos decir que los pecados de adulterio y fornicación son abominables delante de los ojos de Dios; por tanto, debemos apartarnos de ellos.

## 3. ¿Qué es la inmundicia?

Si no para de adulterar y fornicar, la humanidad cae en lo más profundo de los pecados sexuales, que los conduce a la siguiente etapa, que es: la inmundicia.

La inmundicia es una mancha moral de las personas que son dadas a la lascivia y al desenfreno sexual. La inmundicia es una combinación de adulterio, fornicación, masturbación, homosexualidad, lesbianismo, incesto, entre otros.

*"27¡Ay de vosotros, escribas y fariseos, hipócritas!, porque sois semejantes a sepulcros blanqueados, que por fuera, a la verdad, se muestran hermosos, pero por dentro están llenos de huesos de muertos y de toda **inmundicia**".*
*Mateo 23.27*

## 4. ¿Qué es la lascivia?

Lascivia viene de la palabra griega *"asélgeia"*, que denota exceso, ausencia de freno, indecencia, disolución. Es uno de los males que proceden del corazón.

*"[19] Éstos, después que **perdieron toda sensibilidad**, se entregaron al libertinaje para cometer con avidez toda clase de impureza". Efesios 4.19*

*"Asélgeia"* es lujuria, indecencia desvergonzada, concupiscencia sin frenos, depravación sin límites. Es cometer pecado a plena luz del día con arrogancia y desprecio.

Como puede ver, la gravedad de estos pecados es progresiva. Se dice que hay pecado de lascivia cuando la persona ha llegado a un desenfreno tal, que no puede dejar de cometer estos actos y lo hace desvergonzadamente. Se encuentra en una total ausencia de freno, falta de decencia, se vuelve sucia en todo aspecto. La lascivia no solamente se comete en el área sexual, sino también con la boca, al comer demasiado, al usar drogas y en cualquier pecado en general, cuando se llega al desenfreno. Ninguna persona peca sin freno desde el principio, sino que es un proceso durante el cual va perdiendo, gradualmente, el control y el dominio sobre sus pensamientos, su cuerpo, su boca y su vida. Cuando el pecado es cometido de continuo, se abre una puerta para que venga un demonio y oprima a la persona. Para cada obra de la carne existe un demonio que atormenta a la persona que la práctica de forma continua.

Cuando una persona ha llevado su pecado al punto de convertirlo en lascivia, ya ha perdido el temor de Dios en su conciencia. Estos son los individuos que terminan convirtiéndose en violadores, abusadores de niños y cometen aberraciones sin control. Entran a las prácticas sexuales más sucias y violentas con tal de satisfacer su deseo compulsivo. Todo a su alrededor se destruye, como por ejemplo, el matrimonio y los familiares. Sólo Jesús puede liberarlos de esa esclavitud. Con cierta frecuencia, los pecados sexuales ocurren en la iglesia. Hay hombres que visitan las iglesias deseando sexualmente a las mujeres. También hay mujeres llenas del espíritu de seducción, que seducen a los hombres de Dios.

## ¿Por qué existen problemas de pecados sexuales en algunas personas? ¿Cuáles son las tres grandes causas?

❖ Maldiciones generacionales: Éstas son unas de las causas más comunes. He encontrado que la mayor parte de los problemas sexuales de muchas personas, son repetitivos, pues también los tuvieron sus padres, sus abuelos y sus familiares. Se van pasando de generación en generación como una herencia de maldición.

❖ Opresiones sexuales del pasado, tales como: traumas, incestos, abusos cometidos por gente cercana a la familia, entre otros.

❖ Pornografía en TV, Radio y Revistas. En el mundo actual, la mayor parte de medios de comunicación, tiene un ingrediente pornográfico en mayor o menor grado, el cual afecta nuestra mente; pero depende de nosotros llevar todo pensamiento cautivo a la obediencia a Cristo.

**Testimonio:** Duré mucho tiempo viendo pornografía. Veía hasta seis películas pornográficas por día y después que terminaba de verlas me iba al cuarto a llorar. Una noche me levanté a las 2:00 am a masturbarme, y dije: ¡Dios, ya no puedo más! Y me puse a llorar como un niño. Tomé los videos y los eché en un maletín para botarlos donde nadie los pudiera recoger. ¡Doy gracias a Dios porque salí de eso!

¿Cuál es la solución para evitar los pecados sexuales? ¿Qué puede hacer un creyente que tiene problemas de lascivia, adulterio, fornicación, inmundicia, pornografía, lesbianismo u homosexualidad?

• **Indagar si es causado por la influencia de un espíritu demoníaco.** La forma de hacerlo es averiguando si ese problema ya llegó a ser un deseo compulsivo —o sea, algo que controla o domina al individuo, como un vicio—, el cual ha tratado de romper con ayuno y oración, pero no ha podido. Si éste es el caso, debe ministrársele liberación; y Dios lo hará libre. Cuando es producto de una obra de la carne, con ayuno, oración y viviendo en el espíritu, usted podrá controlar aquello que lo esté afectando. Luego, debe vivir crucificando la carne día a día.

• **Huir del pecado.** Este tipo de tentaciones y pecados sexuales no se resisten ni se reprenden. No los entretenga. No juegue con ellos... ¡Huya! Me he encontrado con muchísimas personas que dicen: "pastor yo soy fuerte y puedo resistir la tentación sexual"; razón por la cual no huyen de ella. El resultado de esto es que terminan cayendo. Veamos en la Biblia, el caso de José.

*"11Pero aconteció un día, cuando entró él en casa a hacer su oficio, que no había nadie de los de casa allí. 12Entonces ella lo asió por la ropa, diciendo: Duerme conmigo. Pero él, dejando su ropa en las manos de ella, huyó y salió".* Génesis 39.11, 12

Si usted huye de las tentaciones, ya va en ventaja. Pero, si las trata de enfrentar o las entretiene, se hacen diez veces más fuertes. Si sabe hay cosas que lo influencian o lo llevan a pecar, tome medidas drásticas, tales como: apartarse totalmente de amistades, lugares y situaciones.

*"18Huid de la fornicación. Cualquier otro pecado que el hombre cometa, está fuera del cuerpo; pero el que fornica, contra su propio cuerpo peca".* 1 Corintios 6.18

*"³La voluntad de Dios es vuestra santificación: que os apartéis de fornicación...". 1 Tesalonicenses 4.3*

Hay personas que no pueden desligarse del pecado; y a veces es porque les gusta el jueguito. Si éste es su caso, pues le anticipo que no podrá ser libre. Pero, si en verdad quiere dejar de ofender a Dios, le aseguro que tomando la decisión de huir y no entretener más la idea, Dios comenzará a traerle libertad.

## ¿Qué hacer con los pecados sexuales?

❖ Si es un espíritu inmundo, busque liberación.

❖ Si es un problema de la carne, crucifíquela y no satisfaga sus deseos.

❖ Huya de todo pecado sexual. No entretenga los pensamientos. No se quede solo en lugares donde pueda ser tentado.

❖ Cásese en vez de estar cometiendo fornicación.

*"⁸Digo, pues, a los solteros y a las viudas, que bueno les sería quedarse como yo; ⁹pero si no tienen don de continencia, cásense, pues mejor es casarse que estarse quemando". 1 Corintios 7.8, 9*

Es importante que nos apartemos y huyamos de estos cuatro pecados sexuales, y también, que busquemos liberación antes que sea demasiado tarde.

# Capítulo III

# Las diez prácticas sexuales ilícitas más comunes

A continuación, veremos las diez prácticas ilícitas más comunes, que se derivan de las cuatro ya estudiadas anteriormente. Una por una estudiaremos las consecuencias que se derivan de la práctica de estos pecados, así como la dirección bíblica para vencerlos.

## LA MASTURBACIÓN

### ¿Qué es la masturbación?

Es excitar manualmente los órganos genitales externos con el fin de provocar placer sexual. Es el hábito de procurarse, solitariamente, goce sexual.

Generalmente comienza a temprana edad. Puede ser provocada por un deseo del individuo de estimularse a sí mismo o por haber sufrido un abuso sexual. Una vez que el hábito se establece, es algo irresistible, y puede continuar hasta la edad adulta. A veces se practica, incluso, cuando la persona está casada. Cualquiera de los dos sexos puede ser dominado por este espíritu de lujuria. Recordemos lo que estudiamos anteriormente; que si un pecado se practica de continuo, abre las puertas para que venga un espíritu inmundo de lascivia. Entonces sí se hace más difícil ser libre, a menos que Jesús nos liberte.

## ¿Cuáles son las consecuencias de la práctica de la masturbación?

❖ Culpabilidad, baja autoestima, esterilidad espiritual, y algunas veces, hasta el rompimiento del matrimonio.

Lamentablemente algunos doctores, psiquiatras, psicólogos, pastores y consejeros, aconsejan la práctica de la masturbación como algo normal, como si no fuera pecado. Pero sí es pecado. Es lascivia y está asociada a las fantasías sexuales. Es una práctica egocéntrica.

A menudo, muchas personas llegan al punto de idolatrar sus propios órganos sexuales; lo cual es totalmente contrario a los estándares bíblicos de pureza.

Según algunos médicos, la masturbación afecta la glándula de la próstata del hombre en cuanto al área sexual se refiere.

He visto cientos de personas ser liberadas de este vicio; de este espíritu de lujuria que las lleva a masturbarse. Pero, para que esto suceda, ellas tienen que arrepentirse delante de Dios. Entonces pueden ser ministradas y liberadas con el poder del Señor.

La masturbación llega a las personas de dos maneras:

- **Por elección.** Hay ciertos individuos que eligen, voluntariamente, practicar este vicio; dando lugar a un espíritu malo de adicción y lujuria.

- **Por una influencia heredada.** Hay casos en que los padres y la familia la han practicado; por eso los hijos heredan este deseo impuro.

### ¿Cuál es la solución para la masturbación?

❖ Renuncie voluntariamente.

❖ Renueve su mente.

❖ Eche a la basura revistas y videos pornográficos.

❖ No juegue con pensamientos impuros sobre el sexo.

❖ Busque liberación en su iglesia, con su pastor o con sus líderes.

**Testimonio:** Mi problema era la fornicación y la masturbación. Estuve casado un tiempo en Cuba, pero nunca logré nada bueno en mi matrimonio a causa de mi pecado. Estaba haciendo lo que me habían enseñado mis padres: que masturbarse era normal, que era parte de la juventud y que así me liberaba un poco del estrés. Por otro lado, los psicólogos también dicen que es normal; pero en realidad, es pecado. Me sentía bien contando todas mis andanzas a los demás, pero nunca llegué a encontrar lo que todo el mundo busca en la vida, que es la paz interior y el seguir la verdad; porque la fornicación es entregar todo por un momento y perder la felicidad que Dios nos puede dar.

Mi madre se había entregado al Señor y me hablaba mucho de Dios. Ella me ponía a leerle la Biblia diciendo que estaba cansada. Busqué del Señor, y un día, orando en mi cama, empecé a hablar en lenguas —menos mal que mi mamá me había explicado qué eran las lenguas, porque de otra manera, hubiera pensado que estaba loco—. Después dije: "Dios está vivo, no está muerto". Realmente me sentí tocado. Esto no es una cosa que llega, sino algo que tú buscas. Yo le dije: "Padre, yo sé que tengo que cambiar mi vida". Y así pasó; fui cambiando poco a poco. Luego fui tentado cuando al entrar a internet encontré algunos correos de pornografía. Si bien esto antes me parecía normal, esta vez sentí una voz que me dijo: "¿no sabes que por cosas pequeñitas entran los demonios a tu casa?".

Ahora me siento nuevo. Sé lo que quiero: una esposa, un hogar, salir adelante en mi vida. Dios me tocó y me liberó; porque la fornicación, la pornografía y la masturbación son las grandes enfermedades de hoy en día; aunque nuestra sociedad las ve como pequeñeces.

**Testimonio:** Cuando era niña, me masturbaba debido a que vi a mis padres tener relaciones; eso me traumatizó tanto, que quedó grabado en mi mente. Me casé y seguí haciendo lo mismo, hasta que terminé divorciándome. Volví a unirme a un hombre, pero seguía masturbándome. Cuando llegué a la iglesia, empecé a sentir la presencia de Dios y el Espíritu Santo empezó a obrar en mí. Una noche me arrodillé y le pedí al Señor que no quería sentir más eso, que me quitara ese problema. Desde esa noche, no volví a sentir el deseo de masturbarme. ¡Fui libre!

**Testimonio:** Yo estaba atada al espíritu de masturbación y fornicación. Ese espíritu vino a mi vida cuando vi a mi madre cometer adulterio. Ayunaba, oraba, pero no se rompía; seguía con el mismo problema. Muchas veces lloré delante del Señor pidiéndole que me quitara ese problema, porque yo quería alabarle con pureza. Entonces me metí en otro ayuno y fue cuando vi a Satanás que me dijo: "tú eres mía, yo voy a tener sexo contigo", y le dije: "esta vez no caigo, yo no caigo". El Espíritu Santo me guió a decir: "yo ato mi cuerpo a tu trono, yo ato mi mente a tu Palabra, yo ato mi cuerpo a tu sangre", y cuando dije esto, escuché que se rompió una cadena y el sonido de una serpiente. Dios me hizo libre y también me dio la revelación de que debo usar su Palabra para vencer toda tentación. Ahora Cristo llena mi corazón, más que el sexo, más que la comida. ¡Sí se puede ser libre!

**Testimonio:** Yo veía las revistas de pornografía que mi papá guardaba en un closet, y eso me afectó tanto que se grabó en mi mente. A pesar de que sentía temor, me gustaba, sentía atracción hacia aquel material. Creía que cuando yo quisiera dejar de masturbarme, lo podría hacer; porque, según yo, tenía dominio propio. Pero la verdad era que eso me controlaba. Inclusive, oía una voz interior que decía: "tú eres mía".

Estaba desesperada. Y en realidad, cuando uno está desesperado por sanarse, Dios lo sana. Le pedí al Señor que me sanara; pero aún teniendo la Biblia en mi mano, lo hacía, y decía: "perdóname, Señor, tú sabes que esto es algo más fuerte que yo. Tú sabes que ésta es una lucha entre el diablo y tú; yo no lo puedo vencer. Solamente tú puedes vencer". Cuando dije estas palabras, me sentí libre. ¡Ahora me siento libre, me siento feliz porque todos tenemos un potencial para ser lo máximo!

## LOS PROBLEMAS SEXUALES CAUSADOS POR INCESTO, ABUSO, O POR HABER SIDO MOLESTADO SEXUALMENTE

Estas experiencias siempre son devastadoras y causan problemas a corto y largo plazo.

### ¿Cuáles son las consecuencias de estos problemas sexuales?

Entre las múltiples consecuencias que podemos encontrar, una es que la persona se siente engañada. Esto, a su vez provoca que se vuelva emocionalmente fría y se retraiga ante la gente y consigo misma. A largo plazo, lo que sucede con estas personas es que, cuando se casan se dan cuenta que son frígidas sexualmente. Algunas víctimas de estos tres tipos de abuso, piensan que el sexo es sucio y que no se puede practicar, ni aun dentro del matrimonio. Se sienten culpables y sucias. Cada vez que van a hacer el amor con su pareja, lo viven como una tortura. Otras personas con este tipo de problema se vuelven lujuriosas, tienen deseos compulsivos de tener sexo todos los días, y no están conformes con una sola pareja. Como consecuencia, creen que ninguna persona decente las va a considerar seriamente para entablar una relación formal. La mayor parte de individuos que han sido abusados y molestados sexualmente, terminan destruyendo su hogar y aun su propia vida.

### ¿Cuál es la solución para este tipo de problema?

- **La liberación de espíritus de incesto, lascivia, frigidez y abuso.** Esto se logra renunciando a cada uno de ellos. Si no puede hacerlo solo, busque la dirección de una persona que conozca de liberación para que lo ayude.

- **La sanidad interior de las emociones.** Cuando una persona ha sido abusada sexualmente, su alma se fragmenta (este término se define más adelante), sus emociones se hieren y necesita sanidad emocional en su alma.

- **Perdonar a aquellos que cometieron el abuso.** El perdón es la clave principal para que una persona sea liberada, sanada y restaurada. Si la persona no perdona, Dios no puede hacer absolutamente nada. Es necesario perdonar de todo corazón.

- **Orar por una limpieza de la mente** para poder tener una actitud correcta hacia el sexo en el matrimonio.

## LA PROMISCUIDAD POR ELECCIÓN

Conozcamos algunos actos sexuales que abren puertas a los espíritus demoníacos en nuestra vida. Algunos ya los habíamos estudiado anteriormente, y éstos son:

**La fornicación.** Esta es una relación sexual entre dos personas que no están casadas.

**El adulterio.** Es tener una relación sexual fuera del matrimonio; infidelidad.

**Masturbación.** Es la estimulación de los órganos sexuales propios como un acto lujurioso. Algunas personas la practican como alternativa para experimentar placer sexual sin el peligro de un embarazo.

**Sexo oral.** Es la estimulación de los órganos sexuales por medio de la boca, como un acto lascivo. La razón principal por la cual el sexo oral es prohibido por la palabra de Dios, es porque: Dios creó cada órgano del cuerpo humano para cumplir funciones específicas. Dios hizo la boca para hablar, para adorarle y para bendecirlo; no para tener sexo. Esto va en contra de la naturaleza establecida por Dios. Por esta razón, Dios creó al hombre y a la mujer con órganos sexuales que cumplieran esas funciones específicas.

**Las prácticas de masoquismo sexual.** Es una perversión sexual donde se usan la violencia y el dolor para obtener placer. Esta práctica deshonra el cuerpo, pervierte la naturaleza de las relaciones humanas y ofende a Dios.

## ¿Cuáles son las consecuencias de la promiscuidad sexual, como la fornicación y el adulterio?

❖ El adulterio y la fornicación traen la muerte espiritual, física y emocional.

*"¹⁰Si un hombre comete adulterio con la mujer de su prójimo, el adúltero y la adúltera indefectiblemente serán muertos". Levítico 20.10*

El adulterio traerá consecuencias temporales y también eternas. Traerá consecuencias en el plano natural como enfermedades, pobreza y miseria. También traerá consecuencias espirituales como heridas, dolor, quebranto y depresión en la familia.

❖ El que comete adulterio corrompe su alma.

*"³²También al que comete adulterio le falta sensatez; el que tal hace corrompe su alma". Proverbios 6.32*

La persona que comete adulterio o cualquier promiscuidad sexual, está cegada en su entendimiento por un espíritu de engaño y mentira. Por tanto, no entiende el daño que le ocasiona a su familia, a sus hijos, y sobre todo, al reino de Dios. Otra gran consecuencia que sufre la persona que comete adulterio es que corrompe su alma. La palabra **corromper**, en el idioma hebreo, da la idea de fragmentar. El alma de la persona se va fragmentando en pedazos, y el individuo va perdiendo su personalidad porque liga su alma con otra persona. Por consiguiente, pedazos del alma de la otra persona se vienen con él, y pedazos del alma de él se van con la otra persona.

Como resultado, se vuelve una persona inestable, que no es dueña de su propia personalidad; y su alma se corrompe. La persona adúltera es inestable emocionalmente; es de doble ánimo. Además, nunca está satisfecha, se siente incompleta y descontenta consigo misma. Todo esto, por causa del adulterio, la fornicación y la promiscuidad sexual.

❖ El adulterio trae heridas y vergüenza.

*"33Heridas y vergüenza hallará, y su afrenta nunca será borrada". Proverbios 6.33*

Las primeras personas en sufrir las heridas emocionales son los miembros de su propia familia. Hay muchos hijos con dolor en sus corazones porque papá o mamá se fue con otra persona. Las consecuencias son devastadoras en los hijos. Algunos de estos niños y niñas crecen con resentimiento, amargura y odio contra sus padres. Muchos de ellos terminan sintiendo rechazo, soledad o usando drogas. Lo más triste es que, cuando ellos crecen, también cometen adulterio en sus matrimonios, ya que ésta es una maldición que se hereda de generación en generación. También encontramos que hay muchas heridas que se siembran en el corazón de los cónyuges, tales como: falta de perdón, amargura y odio, por la traición y la infidelidad. Trae vergüenza a la familia, vergüenza al evangelio, vergüenza y descrédito en todas las áreas de su vida. La afrenta del adulterio nunca más se borra. El adulterio cometido siempre estará presente en la mente y en los corazones de aquellos que lo sufrieron. Es como una marca que estará siempre presente sobre la vida de esas personas. El Señor perdona y olvida, pero las consecuencias permanecen para siempre.

Personalmente, he orado por muchos hijos cuyos padres se divorciaron por causa de la promiscuidad sexual. La mayoría de ellos resultaron involucrados en drogas, muchos se hicieron parte de pandillas; y otros murieron. Por eso es importante apelar al corazón de aquellos padres que, hoy mismo, están en este tipo de prácticas; para que consideren lo que están haciendo y se arrepientan de su pecado. Que se aparten del mal y vuelvan a sus hogares. Dios los perdonará y los restaurará. Todavía hay tiempo si existe un arrepentimiento genuino. Si no lo hace por usted, hágalo por su familia y, sobre todo, por Dios.

❖ El que comete adulterio y fornicación no heredará el reino de Dios.

*"⁹...no os engañéis: ni los fornicarios, ni los idólatras, ni los adúlteros, ni los afeminados, ni los homosexuales, ¹⁰ni los ladrones, ni los avaros, ni los borrachos, ni los maldicientes, ni los estafadores, heredarán el reino de Dios".*
*1 Corintios 6.9, 10*

La Escritura nos dice claramente, que la persona que comete adulterio no puede heredar el reino de Dios, a menos que se arrepienta.

❖ Los adúlteros y fornicarios serán juzgados por Dios.

*"⁴Honroso sea en todos el matrimonio y el lecho sin mancilla; pero a los fornicarios y a los adúlteros los juzgará Dios". Hebreos 13.4*

Dios es misericordioso y bueno con todos; pero, aquellos que no se arrepienten de pecados como la fornicación y el adulterio, serán juzgados por Dios públicamente; y esto les traerá vergüenza y deshonra. Los que cometen adulterio pueden perder su familia, pues es la única razón bíblica para divorciarse.

*"⁹Y yo os digo que cualquiera que repudia a su mujer, salvo por causa de fornicación, y se casa con otra, adultera; y el que se casa con la repudiada, adultera". Mateo 19.19*

## LAS FANTASÍAS SEXUALES

Las fantasías sexuales pueden llegar a dominar la mente de una persona, causándole una pérdida del sentido de la realidad. Algunas veces, esas fantasías mentales de sexo precipitan la actividad inmoral. Jesús nos advirtió que el hombre es culpable de pecado, tanto si es mental como si incluye el acto físico. Anteriormente, estudiamos este verso, pero ahora veámoslo con más detalles.

*"28Pero yo os digo que cualquiera que mira a una mujer para codiciarla, ya adulteró con ella en su corazón". Mateo 5.28*

La traducción amplificada dice:

*"28Pero yo os digo que cualquiera que mira mucho a una mujer para codiciarla (con deseos malos, teniendo fantasías sexuales en su mente con ella) ya adulteró con ella en su corazón".*

Es por esta razón que la pornografía, en cualquiera de sus formas, debe ser evitada; porque puede llevar a prácticas de promiscuidad sexual y actos de inmundicia de todo tipo. No podemos jugar con fantasías sexuales en nuestra mente, por las razones que hemos venido estudiando.

## LA PORNOGRAFÍA

La palabra griega *"pornografos"* viene de la palabra *porno,* que significa prostituta, y de *"grafo",* que significa escribir, graficar. Si unimos estas dos palabras podemos concluir que la pornografía incluye la representación complaciente de actos sexuales en videos, en películas de clasificación R (x rated), revistas, libros y sexo en vivo. Todo esto es hecho por personas que se dedican a la prostitución, que es el acto por el cual una persona admite participar en todo lo mencionado anteriormente a cambio de dinero.

## ¿Cuáles son las ganancias de la industria pornográfica?

Estadísticas de la industria pornográfica:

| | |
|---|---|
| El tamaño de la industria | $57.0 billones en todo el mundo<br>$12.0 billones en los Estados Unidos. |
| Videos para adultos | $20.0 billones |
| Servicio de acompañante | $11.0 billones |
| Revistas | $7.5 billones |
| Clubes de sexo | $5.0 billones |
| Sexo por teléfono | $4.5 billones |
| Cable/"Pay per view" | $2.5 billones |
| Internet | $2.5 billones |
| CD-Rom | $1.5 billones |
| Novedades | $1.0 billones |
| Otros | $1.5 billones |

Las ganancias de la pornografía sobrepasan todas las ganancias combinadas de los profesionales del football, baseball y basketball. Las ganancias de la pornografía dentro de los Estados Unidos sobrepasan las ganancias de ABC, CBS, y NBC (6.2 billones). La pornografía de niños genera, aproximadamente $3.0 billones, anualmente.

| Estadísticas de pornografía por Internet para adultos: | Porcentaje |
|---|---|
| 1. Hombres que admiten ver pornografía durante horas de trabajo. | 20% |
| 2. Mujeres que admiten ver pornografía durante horas de trabajo. | 13% |
| 3. Adultos en los Estados Unidos que visitan páginas de pornografía en el Internet regularmente. | 40% |
| 4. Hombres de pacto que miraron pornografía en la semana. | 53% |
| 5. Cristianos que admiten que la pornografía es un gran problema en sus hogares. | 47% |
| 6. Adultos que admiten estar adictos a la pornografía por Internet. | 10% |
| 7. Porcentaje de mujeres que visitan sitios ("sites") pornográficos por Internet. | 28% |
| 8. Porcentaje de hombres que visitan sitios ("sites") pornográficos por Internet. | 72% |

Algunas consecuencias catastróficas derivadas del uso de la pornografía son:

• Aumento de las violaciones sexuales y crímenes relacionados con sexo.

• Divorcios causados por los materiales pornográficos llevados al hogar.

• La pornografía introduce a los niños a la masturbación y a la necesidad de experimentar su sexualidad.

• Las figuras de la pornografía quedan grabadas en la mente por tiempo indefinido y no se desarraigan, a menos que se ore por la liberación del individuo en el nombre de Jesús.

• La mayor parte de adultos que han usado la pornografía, confiesan con gran culpabilidad y vergüenza, que son constantemente atacados con memorias de aquello que vieron.

• Las mujeres que permiten que se les tomen fotografías o videos, posando desnudas para un material pornográfico, vienen a ser dominadas por muchos espíritus inmundos y necesitan una liberación profunda.

## ¿Cuál es la solución para ser libre del uso y las consecuencias de la pornografía?

❖ Arrepentirse delante de Dios por haber usado pornografía de la forma que haya sido.

❖ Renunciar a todo espíritu de pornografía, lascivia, fantasías mentales, adulterio, fornicación, adicción, masturbación, y ordenarles que se vayan de su vida, en el nombre de Jesús.

❖ Orar al Señor para que borre de la mente, en forma total, todas las memorias de la pornografía.

❖ Echar a la basura todo el material pornográfico que pueda haber en la casa, tales como: videos, revistas o cualquier objeto que pueda conducir a la persona a caer otra vez en el mismo pecado.

### LA HOMOSEXUALIDAD Y EL LESBIANISMO

La homosexualidad y el lesbianismo son una perversión de las relaciones sexuales, según lo establecido por Dios. Esta perversión de la sexualidad se da cuando la atracción sexual se encuentra orientada hacia una persona del mismo sexo.

Para juzgar correctamente todo lo relacionado con la homosexualidad, es necesario que vayamos a la palabra de Dios que nos da la verdad absoluta al respecto. Tanto en el Antiguo como en el Nuevo Testamento, Dios prohíbe la homosexualidad y el lesbianismo.

*"²²No te acostarás con varón como con mujer; es abominación".* Levítico 18.22

## La homosexualidad en el Nuevo Testamento

*"²⁶Por eso Dios los entregó a pasiones vergonzosas, pues aun sus mujeres cambiaron las relaciones naturales por las que van contra la naturaleza. ²⁷Del mismo modo también los hombres, dejando la relación natural con la mujer, se encendieron en su lascivia unos con otros, cometiendo hechos vergonzosos hombres con hombres, y recibiendo en sí mismos la retribución debida a su extravío".* Romanos 1.26, 27

Hay algo importante que debemos entender acerca del corazón de Dios hacia la homosexualidad:

**Dios ama al individuo que la practica, pero odia el pecado de la homosexualidad.**

En la iglesia de Cristo se ha juzgado y criticado a las personas homosexuales. En vez de ayudarlas y atraerlas al conocimiento de la verdad, las hemos aislado de la iglesia. Incluso aquellas personas que han salido de esta práctica han sido juzgadas y maltratadas, hasta llegar a alejarlas de la misma iglesia. Debemos pararnos firmes y estar en total desacuerdo con el pecado de homosexualidad. En otras palabras, debemos amar al ser humano; pero debemos ayudarlo a que abandone ese camino de pecado.

El aumento del virus del Sida ha sido provocado en gran parte por la inmoralidad homosexual. Aun médicos seculares reconocen que, si no hubiese sido por la homosexualidad, el Sida no se hubiese propagado de la manera que lo ha hecho. Sin embargo, este virus también se ha propagado entre la población heterosexual.

Uno de los puntos que debemos entender, es que ninguna persona escoge ser homosexual. Creo que la causa principal de la homosexualidad es el pecado. Dios no creó a nadie homosexual. Dios hizo varón y mujer.

*"27Y creó Dios al hombre a su imagen, a imagen de Dios lo creó; varón y hembra los creó". Génesis 1.27*

### ¿Cuáles son algunas de las causas de la homosexualidad?

❖ **Una maldición generacional**

Es el pago establecido por Dios, en la vida de una persona y su descendencia, como resultado de la iniquidad. Es la forma mediante la cual se manifiestan las desviaciones de los antepasados. La gente lo explica diciendo: "a mi padre le pasaba lo mismo que a mí". Esta maldición es un espíritu de homosexualismo que se pasa de generación en generación a través del padre o la madre. Puede transferirse por el pecado sexual, en la línea sanguínea de tres o cuatro generaciones atrás, y es causada por el pecado de idolatría.

El pecado generacional puede venir por la práctica del sexo anal entre un hombre y una mujer, aun dentro del matrimonio. De este modo, su hijo recibirá un espíritu que induce a la práctica de sexo anal, la cual puede realizar con un hombre o con una mujer. Una vez que la práctica es iniciada —y se convierte en una conducta repetida—, la puerta es abierta para recibir un espíritu de homosexualidad.

## ❖ El rechazo al sexo del bebé

A veces los padres, cuando están esperando un bebé, desean que sea una niña; pero reciben un niño, o viceversa. Entonces el bebé recibe el mensaje de rechazo de los padres en lo profundo de su espíritu. Este mensaje es que su sexo no es el correcto. Como resultado de este rechazo de los padres, el bebé, en su subconsciente, tratará de vivir y cumplir las expectativas de los padres con respecto al sexo deseado. El rechazo de los padres es tierra fértil para un espíritu demoníaco. Es decir, otra puerta para que este espíritu entre en la vida del bebé y desarrolle un espíritu de homosexualidad.

## ❖ La rebelión contra los padres

Hay familias en que el niño es excesivamente amado por su sexo. Es decir, que le colocan demasiado énfasis en que es amado sólo por el hecho de ser varón, y no aprecian otras áreas de su vida. Debido a esta situación, muchos hijos se rebelan contra los padres, que son quienes han puesto esa presión sobre ellos. La forma de hacerlo es, sintiéndose atraídos hacia alguien de su mismo sexo, lo que derribaría esa imagen impuesta de "macho".

❖ **Abuso sexual**

Ésta es, quizás, la causa más común de la demonización homosexual. Se origina cuando una persona es abusada sexualmente por otra. También esto puede ocurrir cuando los niños se abusan el uno al otro; especialmente, si uno de ellos tiene un espíritu generacional de homosexualidad. En la mayoría de los casos, uno de los niños empuja al otro a seguir una conducta anormal.

❖ **La dominación paterna o materna**

Por ejemplo, el hombre que es dominado por su madre, cuando trata de casarse, tiene problemas; porque su madre siente que está siendo rechazada, y ve a la otra mujer como una competencia para ella en el corazón de su hijo. Por tal motivo, el hombre a veces, busca otro hombre para satisfacer sus deseos sexuales. De ese modo cae en este pecado. Esto, también pasa con las mujeres que son dominadas o muy controladas por sus padres.

❖ **Las relaciones homosexuales voluntarias**

Estas relaciones se presentan en personas que no tienen ningún trasfondo personal ni generacional de homosexualidad, y que simplemente quieren "probarlo todo". Cuando se comienza esta práctica de forma voluntaria, se le da la entrada a un espíritu inmundo de homosexualidad, y después, es muy difícil salirse, a menos que intervenga el poder de Dios.

**¿Podemos concluir que la homosexualidad y el lesbianismo son un demonio?** La respuesta es: Sí.

Los demonios usarán cualquier ruta para entrar a la vida de una persona y distorsionar su sexualidad. Una vez que los demonios entran en el individuo por la práctica continua del pecado, éstos lo controlan y lo dominan hasta esclavizarlo, y finalmente, matarlo.

Los demonios buscarán una puerta para entrar, ya sea por: una maldición generacional, el rechazo de la sexualidad por parte de los padres, la rebelión contra los padres, el abuso sexual, la dominación paterna o materna, las relaciones homosexuales voluntarias, o cualquier otra puerta por la cual ellos puedan entrar.

**Testimonio:** Crecí sin mi papá, pues éste se fue de la casa cuando yo tenía cinco años. Me crié con muchas mujeres y mi madre me sobreprotegió desde pequeño. En la escuela me ponían sobrenombres de mujer. A la edad de 14 años me lo creí y empecé a sentir atracción por los hombres. Cuando esto comenzó, me sentí muy mal y empecé a luchar contra la situación. En mi anhelo de cambiar, empecé a ir a iglesias. Pero al llegar a los 18 años, me cansé y declaré que ya era así y que no había solución. Entonces, empecé a ir a los centros nocturnos y a llevar mi vida de esa forma. Hasta que mi mamá se enteró y comenzó a orar todas las noches. Aunque yo le decía que eso no iba a cambiar, ella afirmaba que sí iba a cambiar.

Una noche llegué a mi casa aburrido y drogado. Prendí el televisor y empecé a buscar canales hasta que encontré TBN. Fue ahí que escuché la prédica de un pastor que cambió mi vida. Esa misma noche, el Señor habló a mi corazón y me rendí a Él. Estaba inseguro y rechazado, tenía mucho rencor con mi papá; pero decidí perdonarlo, y ahora soy libre. El Señor me dijo que yo soy un varón. ¡Siento que tengo futuro, que tengo propósito y que soy libre!

**Testimonio:** Desde los 17 hasta los 24 años, viví practicando el lesbianismo. Viví con una mujer, hasta que una pastora me predicó el evangelio. Desde ese entonces, el Señor me liberó de la masculinidad. Yo lloraba en mi cama y decía: "Señor, tú verdaderamente eres fiel y la obra que empiezas, la terminas". Ahora tengo el deseo de tener una familia, un esposo. Es impactante, es algo que viene desde adentro de mí. El Señor transforma desde lo más profundo hacia fuera. Mi familia está sorprendida, pues yo hasta vestía como hombre; era algo impresionante.

**Testimonio:** No me da vergüenza contar mi testimonio, porque, para la gloria del Señor, Él me libertó de la homosexualidad. Todo comenzó con problemas de rechazo, cuando mi padre me decía palabras feas y soeces por jugar con mi hermana; pero éramos inocentes y no encontrábamos nada malo en jugar juegos propios de niñas. Por otro lado, mi madre me sobreprotegía siempre. En el colegio, me rechazaban; no tenía amigos y me decían lo mismo que me decía mi padre. Por lo tanto, siempre andaba solo. Cuando llegaba a la casa, no expresaba lo que sentía, y eso se encerró en mí y me causó una gran inseguridad.

A los 18 años llegué a los Estados Unidos y comencé a ir a todos los lugares donde se reúnen los homosexuales, y me involucré en ese mundo. Luego, una tía me llevó a la iglesia cristiana. Cuando entré me dieron muchas ganas de llorar, pues el día anterior había estado en una discoteca bebiendo y compartiendo con homosexuales. Tenía vergüenza porque no sabía que llorar era normal. Ese día no pasé al frente; pero ya me había llegado la convicción de que lo que hacía no estaba bien. Sin embargo, seguí en lo mismo por un tiempo, hasta que asistí a un retiro de jóvenes. Ahí el Señor me libertó de la homosexualidad y la masturbación. Mi mamá lloraba mucho, por causa de la vida que llevaba. Pero un día ella se tiró al piso y le pidió al Señor que tuviera misericordia y me libertara; y Él contestó su clamor.

Hoy estoy feliz y amo a Cristo más que nunca. Él me habló y me dijo: "Yo te saqué de todos los lugares gay, de la homosexualidad, y te traje aquí". Hoy lo glorifico a Él y lo amo con todo mi corazón. Quiero decirles a todas las personas que creen que uno nace así, que ésa es una mentira del diablo. Ahora también quiero que Dios me use para ayudar a libertar a otros.

## ¿Cómo se puede ser libre de la homosexualidad y el lesbianismo?

Para ser libre del espíritu de homosexualidad, la persona tiene que tener la convicción de que esto es un pecado y que va contra la naturaleza. Que Dios creó al hombre y la mujer para que estuvieran juntos y se multiplicaran. Que la mujer es la ayuda idónea del hombre y el hombre es cabeza de la mujer, y que esto no puede ser alterado. Los siguientes son pasos para alcanzar la liberación de ese espíritu demoníaco:

- Arrepentirse y confesar el pecado delante de Dios.

- Renunciar a la maldición generacional de homosexualidad que viene en la línea sanguínea. Romper toda maldición y echar fuera todo espíritu detrás de esa maldición.

- Renunciar a todo espíritu de homosexualidad, rechazo, abuso, lascivia y perversión sexual.

- Pedir al Señor que llene, con su presencia, las áreas espirituales y emocionales que quedan vacías al irse los espíritus.

- Apartarse de personas y lugares que lo lleven a caer en la tentación, y en el mismo pecado otra vez.

• Buscar liberación y consejería en una iglesia que conozca y entienda sobre la liberación de demonios.

## EL BESTIALISMO

### ¿Qué es una bestia?

Es un animal cuadrúpedo, especialmente el doméstico, de carga. El bestialismo es el acto sexual de un ser humano con animales. La persona que practica esto, tiene la mente llena de inmundicia y perversión; necesita la liberación de su alma. Leamos lo que dice la Palabra al respecto.

*"19Cualquiera que cohabite con una bestia, morirá".*
*Éxodo 22.19*

*"16Si una mujer se acerca a algún animal para ayuntarse con él, a la mujer y al animal matarás; morirán indefectiblemente: su sangre caerá sobre ellos". Levítico 20.16*

Con mucha frecuencia me encuentro con personas, tanto hombres como mujeres, que han confesado tener fantasías sexuales con animales. En algunos casos, esto ocurre porque sus padres han practicado actos de bestialismo. En otros, son personas cuyos padres nunca les dieron amor y cayeron en este pecado. He conocido casos en los que las personas han tenido relaciones sexuales con perros, caballos, vacas, etcétera. Pero el

Señor los ha liberado totalmente de esos espíritus inmundos.

## ¿Cómo ser libre del espíritu de bestialismo?

❖ Arrepentirse por haber cometido el pecado sexual de bestialismo.

❖ Renunciar a todo espíritu de bestialismo y a todos sus espíritus afines. En el nombre de Jesús, ordene que se vayan de su vida.

## LOS ABORTOS

## ¿Qué es un aborto?

Es remover, por la fuerza, un feto vivo del vientre de su madre.

Un aborto es el asesinato de una vida que está en el vientre de su madre. Las mujeres que han practicado abortos deben ser liberadas del espíritu de asesinato. Lamentablemente, la mayor parte de los doctores dicen que esos fetos no tienen vida, y que por lo tanto, nadie está muriendo. Pero, la palabra de Dios dice que Él ya les ha dado aliento de vida, que ya son seres humanos que sienten el dolor, el rechazo, el amor y el odio. Por consiguiente, son seres humanos vivos, a los cuales se les quita el don de Dios, que es el aliento de vida. Algunas mujeres que han abortado un hijo en su juventud, cuando se casan y quieren formar su familia, encuentran que no pueden tener hijos; que han quedado estériles.

Tal vez no hay ningún otro asunto entre las normas públicas que genere tanta información errónea, ni tantas verdades a medias como el aborto. Los datos verdaderos se ignoran o se pasan por alto. Muchos datos sobre el aborto reciben poca atención en los debates públicos, porque revelan cosas que la sociedad prefiere no ver.

Pero cuando esos datos se conocen y nos damos cuenta del alcance mundial de este asunto, es evidente que los que proponen el derecho a elegir el aborto, promueven que se elija algo que no es natural, ni para el individuo ni para la sociedad. Aquí presentamos algunos datos o estadísticas que nos revelan la magnitud que ha alcanzado esta práctica; la cual, dicho sea de paso, se ha convertido en un negocio multimillonario:

- Cada año hay 1,600,000 abortos en los EE.UU[1].

- Un 7% (122,000) se atribuye a peligros para la salud física o psicológica de la madre.

- En un 1% de los casos, ha habido violación o incesto.

- El 92%, aproximadamente —470,000 abortos— se practican alegando razones sociales, económicas o personales.

- Tres de cada cuatro mujeres que abortan dicen que un hijo interferiría con su trabajo, sus estudios u otras responsabilidades[2].

- El número de abortos en la nación es más de un tercio del número total de nacimientos[3]. Cerca de la cuarta parte de todos los embarazos, termina en abortos inducidos[4].

- Los Estados Unidos sobrepasan a todas las naciones de Occidente en el número de abortos por cada 1,000 mujeres en edad de procrear[5].

- Los jóvenes adolescentes entre 11 y 19 años son responsables por el 26% de todos los abortos en el país.

- Las jóvenes de 18 a 19 años tienen un porcentaje más alto de abortos: 63 por cada 1,000[6].

- Un 45% de las jóvenes menores de edad que practican abortos, lo hacen sin el consentimiento de sus padres[7].

## ¿Cuáles son las consecuencias que vienen sobre una persona que practica el aborto?[8]

Un gran sentido de culpabilidad y remordimiento. En cierta ocasión me encontré con una mujer que se había practicado más de 15 abortos. Cuando se le ministró y se oró por ella, estaba llena de culpabilidad y remordimiento por haber cometido esos asesinatos. Después de ministrarle liberación, fue libre de toda culpabilidad.

## ¿Cómo ser libre de las consecuencias de las prácticas de aborto?

❖ Arrepentirse delante de Dios y pedirle perdón por haber asesinado a una criatura en su vientre.

❖ Renunciar al espíritu de asesinato, culpabilidad, remordimiento y esterilidad.

❖ Pedir al Señor que sane nuestra alma y limpie nuestro cuerpo.

### La práctica del sexo anal

Éste es un acto sexual que va en contra de la naturaleza establecida por Dios. En ocasiones, es practicado para evitar el riesgo de embarazo.

Esta práctica puede llevar a una de las personas a practicar la homosexualidad. Algunas mujeres se sienten tan desagradadas que no pueden hablar de esto en una reunión o sesión de consejería o liberación. Las personas que practican o han practicado el sexo anal, tienen una gran necesidad de ser libres de espíritus de lascivia, homosexualidad, degradación, depravación, perversión, culpabilidad, vergüenza y baja autoestima.

## ACTIVIDADES SEXUALES CON DEMONIOS

Esta práctica viene de hace muchos siglos atrás. Veamos lo que dice la Escritura respecto a esto.

*"⁴Había gigantes en la tierra en aquellos días, y también después que se llegaron los hijos de Dios a las hijas de los hombres, y les engendraron hijos. Éstos fueron los valientes que desde la antigüedad fueron varones de renombre". Génesis 6.4*

A través de la historia, se han conocido frecuentes casos de demonios que se acercan a una mujer o a un hombre y tienen relaciones sexuales con ella o él.

Hay dos espíritus involucrados en este tipo de prácticas:

Espíritu *"íncubo"*: demonio con apariencia de varón que estimula y lleva a la mujer a tener placer sexual.

Espíritu *"súcubo"*: demonio con apariencia femenina que estimula y lleva al hombre a la eyaculación.

En los últimos años, muchas personas han recibido liberación de estos espíritus. Dios nos ha dado la oportunidad de hacerlos libres con el poder del nombre de Jesús.

### ¿Qué hacer para ser libres de esos espíritus?

❖ Arrepiéntase delante de Dios por haber abierto puertas al enemigo.

❖ Renuncie con todo su corazón y repita esta oración: "yo renuncio a todo espíritu íncubo y súcubo y le ordeno que se vaya de mi vida, en el nombre de Jesús".

## Algunos puntos importantes que debemos recordar:

→ El adulterio y la fornicación se pueden cometer con los ojos, con el corazón, con la mente y con el cuerpo.

→ La lujuria o la lascivia es llegar al punto de la indecencia y de no tener ningún freno en el comportamiento.

→ Las tres grandes causas de los pecados sexuales son: las maldiciones generacionales, los abusos sexuales del pasado y la pornografía.

→ La solución para prevenir los pecados sexuales es huir, y solamente huir.

→ La masturbación es un pecado delante de los ojos de Dios.

→ El adulterio y la fornicación tienen grandes consecuencias, tales como: corromper el alma, traer vergüenza, heridas y muerte. Y aquellos que lo practican, no heredarán el reino de Dios.

→ La pornografía en videos y revistas lleva a las personas a la prostitución y a la depravación moral.

→ Dios ama a la persona que practica la homosexualidad, pero odia el pecado que practica.

→ Dios no creó a nadie homosexual, porque *"varón y hembra los creó"*.

→ Las maldiciones generacionales y el abuso sexual son dos de las más grandes causas de la homosexualidad.

→ Dios tiene el poder de hacer libre al homosexual.

→ El aborto es un asesinato delante de los ojos de Dios.

→ La persona que practica el aborto, arrastra en su vida culpabilidad, rechazo y remordimiento.

# EL ABUSO SEXUAL

CAPÍTULO IV

EL ABUSO SEXUAL

El abuso sexual más común, generalmente, es aquel que comete un hombre contra una mujer o una niña; pero también se cometen abusos contra niños y jóvenes por mujeres —aunque es menos frecuente—. Sin embargo, el abuso de jóvenes por hombres adultos es un abuso homosexual muy común en estos días.

## Estadísticas

Las estadísticas revelan que en los Estados Unidos...

- 1.3 mujeres son violadas cada minuto. Esto quiere decir que 74 mujeres son ultrajadas sexualmente cada hora.

- Una de cada tres mujeres es molestada sexualmente. El 61% de los casos son mujeres menores de 18 años.

- 78% de las mujeres conocen a su violador.

- 16% de las violaciones son reportadas a la policía.

- 10% de las sobrevivientes son abusadas por sus esposos o ex-esposos.

- 11% por los padres o padrastros

- 10% por los novios o ex-novios

- 16% por otros familiares

- 29% por amigos, vecinos o conocidos

- 1 de cada 4 mujeres es violada sexualmente.

## ¿Qué es el abuso sexual?

Es tocar, acariciar o tener sexo con una persona en contra de su voluntad. Es todo acto de agresión relacionado con sus órganos sexuales, su vida sexual y su capacidad reproductiva. El abusador puede seguir una secuencia de conducta abusiva, que puede incluir los siguientes comportamientos:

❖ Obligar a tener relaciones sexuales.

❖ Obligar a tener sexo con otras personas.

❖ Obligar a desnudarse.

❖ Tocar sus áreas sexuales o su cuerpo en general en contra de su voluntad.

❖ Realizar acciones que causan dolor o humillan a la otra persona durante el acto sexual.

❖ Masturbarse en frente de la víctima u obligarla a hacerlo.

❖ Sexo oral o anal forzado

❖ Dirigirse a la persona en forma obscena y/o ponerle apodos sexuales.

❖ Obligar a la otra persona a tener sexo con animales.

❖ Sexo ritual

❖ Obligarla a usar o a no usar anticonceptivos.

❖ Obligarla a tener hijos o a abortar.

❖ Contar sus aventuras sexuales con otras mujeres o con hombres.

❖ Burlarse de su cuerpo, de sus deseos o de sus reacciones sexuales.

Una vez que una persona ha sido abusada, inmediatamente abre una puerta de entrada al enemigo en su vida. Si es una niña o un niño, cuando éste crece, comienza a experimentar los mismos deseos sexuales pervertidos. De una u otra forma se convierte en un abusador. En todos mis años de experiencia, yo no he ministrado a un abusador sexual que primero no hubiera sido víctima de un abuso. El abuso sexual es una forma de rechazo; rechazo hacia la mujer, hacia la inocencia, hacia la niñez, hacia la raza humana, etcétera.

## ¿Cuáles son las consecuencias del abuso sexual?

• Confusión acerca de la identidad, la sexualidad, el físico y las emociones.

- Regresión a experiencias del abuso sufrido en la niñez, a conductas emocionales o físicas.

- Represión de recuerdos: negándose a sí mismo que algo sucedió; cuando obviamente, sí pasó.

- Fantasías: Vivir en un mundo de memorias no reales, con amigos y/o enemigos imaginarios.

- Rompimiento de la confianza: Inhabilidad de confiar en la gente; aun en aquellos en los que se debe confiar.

- Conducta de rechazo y de temor al rechazo: lo cual lleva al rechazo de uno mismo.

- Rebelión: rehusarse a estar bajo sumisión y a cooperar. Cargarse de ira emocional a raíz del abuso.

- Estilo de vida secreto.

- Pérdida de interés en la apariencia física. A veces, las personas abusadas prefieren verse mal para no atraer nuevamente el abuso a sus vidas.

- Desórdenes alimenticios: como la anorexia y la bulimia como modo de escape.

- Culpabilidad.

- Inhabilidad de responder al amor: en muchos casos, no viene a ser notorio hasta que la persona se casa. A raíz de esto, muchas veces los matrimonios se rompen por la frigidez emocional y sexual del que ha sido abusado.

• Promiscuidad: algunas personas que han sido abusadas sufren el desarrollo prematuro de su sexualidad y se vuelven promiscuas a edad muy temprana.

• Deseos de morir.

• Enfermedades físicas: a veces, las personas abusadas, inconscientemente desarrollan una enfermedad y la sufren por largo tiempo. De esa manera, ocultan el verdadero problema.

• Espíritu herido: una ira interior que se vuelve contra Dios; lo cual hace de la relación con Dios algo imposible.

• Ligadura emocional con el abusador.

Cuando esto ha sucedido se abren muchas puertas de entrada a demonios, los cuales atormentan a la persona con recuerdos del horror vivido, provocando en la víctima conductas irracionales.

Al leer esto, los padres no pueden quedarse de brazos cruzados. Tenemos que estar alertas y ser cuidadosos; conocer bien a las personas a quienes les confiamos el cuidado de nuestros hijos. No deje a sus hijos con cualquier persona. Sea más celoso de la integridad física y emocional de sus hijos. El enemigo sólo está buscando la ocasión para dañarlos. Por eso, los padres debemos ser más astutos y estar siempre vigilantes.

## ¿Cuál es la solución para aquellos que han sido abusados sexualmente?

1. Jesús es la única respuesta a su dolor.

*"⁸El que practica el pecado es del diablo; porque el diablo peca desde el principio. Para esto apareció el Hijo de Dios, para deshacer las obras del diablo". 1 Juan 3.8*

*"¹⁸El Espíritu del Señor está sobre mí, por cuanto me ha ungido para dar buenas nuevas a los pobres; me ha enviado a sanar a los quebrantados de corazón; a pregonar libertad a los cautivos, y vista a los ciegos; a poner en libertad a los oprimidos...". Lucas 4.18*

2. Arrepiéntase y pida perdón a Dios —o a quien crea responsable—, si usted lo había culpado por haber permitido que abusaran de usted.

3. Perdone al abusador con todo su corazón.

*"¹⁴Porque si perdonáis a los hombres sus ofensas, os perdonará también a vosotros vuestro Padre celestial; ¹⁵mas si no perdonáis a los hombres sus ofensas, tampoco vuestro Padre os perdonará vuestras ofensas". Mateo 6.14, 15*

4. Renuncie a todo espíritu de abuso sexual, rechazo, temor al rechazo, rechazo a sí mismo, culpabilidad, lascivia, temor, inseguridad, escapismo, rebelión, confusión, frigidez, ira, promiscuidad, espíritu

herido; y luego, échelo fuera. Ordénele que se vaya de su cuerpo.

5. Renuncie a toda ligadura física, emocional y espiritual con el abusador.

6. Pida al Espíritu Santo que sane su alma, su espíritu y su cuerpo. Declare que es libre en el nombre de Jesús, ¡ahora mismo!

**Oración de renunciación**

Haga la siguiente oración:

Padre Celestial, en este momento, yo vengo delante de tu presencia; y, primeramente, me arrepiento con todo mi corazón por guardar falta de perdón, amargura y odio contra aquellos que me abusaron sexualmente. Renuncio a todo espíritu de odio, amargura y resentimiento. Ahora mismo, voluntariamente, perdono a aquellas personas que abusaron de mí, sexualmente (diga el nombre o los nombres).

Yo perdono a _____ con todo mi corazón por haber abusado de mí.

Señor, ahora mismo, lo/s bendigo y lo/s perdono, y voluntariamente, renuncio a todos los espíritus del enemigo que vinieron a influenciar mi vida cuando abusaron de mí. Renuncio a la influencia de cualquier espíritu de abuso sexual. Renuncio a toda maldición generacional en mi línea sanguínea. Rompo, en el nombre de Jesús, toda iniquidad de abuso sexual en mi vida y en mi familia. Renuncio al espíritu de culpabilidad, rechazo, rebelión, lascivia, escapismo, confusión, frigidez, temor y todo espíritu que acompañe al abuso sexual, y lo echo fuera de mi vida en el nombre de Jesús. ¡Hoy mismo me declaro libre! ¡Amén!

Ahora pídale al Espíritu Santo que le llene con su presencia.

CAPÍTULO V

# EL SEXO
# EN EL MATRIMONIO

D urante mucho tiempo, la iglesia se ha mantenido al margen de ciertos temas; pero, el mayor tabú siempre ha sido el tema del sexo. Y, precisamente, la mayor parte de los problemas y pecados de las personas —de una forma u otra— tienen que ver con el área sexual. Aunque la palabra de Dios nos enseña mucho acerca del sexo, hay bastante pueblo que ha perecido y sigue pereciendo por la falta de conocimiento al respecto. En el mismo hogar, muchos padres no saben cómo hablarle de sexo a sus hijos. Éstos, eventualmente, son mal enseñados por sus amigos o reciben una postura liberal y pecaminosa en la escuela. Con la ayuda de Dios, aprenderemos acerca de este tema fundamental para el matrimonio y la familia; y contestaremos algunas de las preguntas más comunes acerca del sexo.

### ¿Quién es el creador del sexo?

El creador del sexo es Dios. Hay personas que tienen un concepto equivocado acerca del sexo: creen que es malo y sucio. Esta desviación del concepto original del sexo viene a consecuencia de la mala propaganda que le ha hecho el enemigo, para así destruir matrimonios y familias.

*"¹Conoció Adán a su mujer Eva, la cual concibió y dio a luz a Caín, y dijo: Por voluntad de Jehová he adquirido varón".*
Génesis 4.1

En este verso descubrí cómo Adán conoció a su mujer íntimamente. Era el plan del Señor, desde el principio de la creación, darnos el sexo para consumar la unión del alma y el espíritu –del hombre y la mujer– por medio de un acto físico. Esta sería también la forma de producir el fruto y traería la bendición de los hijos.

## ¿Cuáles son los parámetros del sexo establecidos por Dios?

El enemigo se ha encargado de disfrazar mentiras con verdades y confundir a la humanidad, trayendo ideas "modernas" en lo tocante al sexo. Una de las más fuertes y repetidas excusas para el sexo, fuera del orden de Dios, es: "si hay amor, se puede tener sexo, aunque no sea dentro del marco de un matrimonio". Pero, la Biblia nos enseña que el amor no es un parámetro que habilite para tener sexo. El único parámetro válido delante de Dios es el pacto matrimonial, el cual Él mismo bendice. El hecho de que una pareja se ame, no significa que es correcto que mantenga relaciones sexuales; pues, toda relación sexual fuera del matrimonio es pecado.

Dios creó el sexo para que fuera disfrutado dentro del matrimonio, entre el hombre y *su* mujer.

## ¿Cuál fue el propósito por el cual Dios creó el sexo?

*"[15]¿No hizo él uno, habiendo en él abundancia de espíritu? ¿Y por qué uno? Porque buscaba una descendencia para Dios. Guardaos, pues, en vuestro espíritu, y no seáis desleales para con la mujer de vuestra juventud". Malaquías 2.15*

❖ **Dios creó el sexo para procrear y tener una descendencia para Él.**

*"[22]Y Dios los bendijo, diciendo: Fructificad y multiplicaos, y llenad las aguas en los mares, y multiplíquense las aves en la tierra". Génesis 1.22*

En el principio de la creación, Dios mandó al hombre a fructificarse y a multiplicarse. Asimismo, bendijo el vientre de la mujer para que llevara su simiente y que procreara para engrandecer y multiplicar la descendencia de Dios.

❖ **Dios creó el sexo para darle placer al hombre y a la mujer.**

*"[18]Sea bendito tu manantial, y alégrate con la mujer de tu juventud. [19]Como cierva amada y graciosa gacela. Sus caricias te satisfagan en todo tiempo, y en su amor recréate siempre". Proverbios 5.18, 19*

Dios puso los impulsos sexuales en el hombre y la mujer, no para torturarlos, sino para llevarlos al gozo y a la plenitud; y que, de esa manera, pudieran gozarse toda la vida juntos. El sexo no es sucio, el sexo no es malo; aunque ésa es la idea que el diablo nos ha vendido durante siglos. Ciertamente, el enemigo ha usado el sexo para destruir familias enteras, por medio de los abusos, las infidelidades, la frigidez, la impotencia, entre otros. Pero eso no significa que el sexo en sí sea malo y sucio. Pues, si se practica dentro del matrimonio, entre un hombre y una mujer sanos en Dios, el sexo es hermoso. Como todo lo creado por Dios.

Hay muchas mujeres a las cuales el enemigo les ha robado la capacidad de disfrutar del sexo en su matrimonio, haciéndoles creer que es sucio. La mayoría de esas mentiras han entrado a sus mentes a consecuencia de los traumas sexuales que vivieron durante su niñez y adolescencia. Todo esto las conduce a despreciar el sexo, a verlo como algo negativo en sus vidas. Estas mujeres necesitan sanidad interior; necesitan conocer la verdad de Dios con respecto al sexo y a sí mismas. Muchas de ellas han perdido o están perdiendo su matrimonio debido a esos traumas, porque se volvieron frígidas en el acto sexual. Y sus esposos, ante la imposibilidad de cambiar la situación, las abandonan.

Tanto el esposo como la esposa tienen necesidades e instintos sexuales que deben ser satisfechos dentro del matrimonio. Esta necesidad no puede ser ignorada; pues, de lo contrario –tarde o temprano– serias consecuencias vendrán sobre la relación de pareja.

## En un matrimonio, ¿es correcto negarse sexualmente al cónyuge?

Hay otra verdad bíblica que es necesario que conozcamos muy bien. Cuando una persona se casa –es decir, cuando se une a otra en matrimonio–, ya su cuerpo no le pertenece; sino que, por el contrario, la Biblia dice que el cónyuge es quien tiene potestad sobre su cuerpo ahora. Por lo tanto, ni el hombre ni la mujer pueden negarse a tener relaciones sexuales con su pareja.

*"³El esposo deberá dar a su esposa sus derechos conyugales (buena voluntad, amabilidad y todo lo que le pertenece como su esposa); lo mismo debe hacer la esposa con su esposo. ⁴Pues la esposa no tiene (exclusividad) autoridad ni control sobre su propio cuerpo, sino el esposo (tiene sus derechos); de la misma forma, el esposo no tiene (exclusividad) autoridad ni control sobre su propio cuerpo, sino la esposa (tiene sus derechos). ⁵No se niegue, ni prive, ni engañe el uno al otro (de sus derechos matrimoniales) excepto, quizás, por consentimiento mutuo por un tiempo, para que puedan dedicarse a la oración sin obstáculo, y después, reanudar las relaciones matrimoniales, para que, de esta forma, Satanás no les pueda tentar (a pecar) por la falta de continencia de sus deseos sexuales".*
*1 Corintios 7.3-5 (Biblia Amplificada)*

El deber conyugal consiste en acceder a practicar el acto sexual con su pareja. Es interesante notar que la Biblia le llama un "deber". No dice: "si siente hacerlo…" Ya ninguno de los esposos es dueño de su propio cuerpo; sino que ahora, ese cuerpo le pertenece al cónyuge.

**¿Cuál es el único período, bíblicamente hablando, en que la pareja se puede abstener de tener relaciones sexuales?**

El único período durante el cual la pareja puede abstenerse del sexo, es aquel en el que, de común acuerdo, ambos se entregan a la **oración y al ayuno**; con la condición de volverse a juntar como uno, al finalizar este término.

¿Por qué razón las parejas no deben negarse, el uno al otro, su deber conyugal? Porque si se niegan, el enemigo tomará ventaja y será más fácil que los tiente para pecar contra Dios, buscando fuera lo que no encuentran en su hogar. *"Para que NO os tiente Satanás a causa de vuestra incontinencia".*

Si hay una mujer que se está negando sexualmente a su marido o viceversa; sepa que con esta acción, está echando a su cónyuge en los brazos del enemigo; lo está empujando a ser presa fácil de la tentación. Es importante que haya un cambio inmediato en esta situación.

Hay mujeres que usan muchas excusas para negarse sexualmente a sus maridos. Las más comunes suelen ser: el dolor de cabeza, el cansancio, los niños, la edad, etcétera. Mujer, recuerde que el hombre es más activo sexualmente que usted; y el negarse a cumplir su deber como esposa puede llevarlo a buscar una relación ilícita.

## ¿Cuál es el obstáculo más grande que impide que la mujer disfrute el acto sexual?

El obstáculo más grande para la mujer, es la frigidez sexual. Esta puede llegar a causa de los distintos abusos sufridos, mayormente, durante la niñez.

## ¿Qué es la frigidez sexual?

Es la inhabilidad de disfrutar del acto sexual y llegar a la plenitud del orgasmo. La mayor parte de mujeres con este tipo de problema, no puede experimentar el orgasmo; y si lo logran, es en forma débil e incompleta.

## ¿Qué es un orgasmo?

Es el momento en que la mujer llega al clímax de la satisfacción sexual, en la relación íntima con su esposo.

Aunque la mayor razón por la cual la mujer no logra tener un orgasmo es la frigidez sexual, esto no le quita la responsabilidad al esposo de ayudar a su mujer, para que llegue a tenerlo por medio de caricias, besos y hablándole de su amor. El esposo tiene que entender que la mujer es diferente a él, y que debe esperar más tiempo para llevarla a su clímax.

**La frigidez sexual en una mujer es tan destructiva para una familia, como lo son la lujuria o la lascivia en un hombre. A veces, los dos enemigos operan juntos, bajo un mismo techo; lo que trae como consecuencia que la mayor parte de familias terminen destruidas.**

Si los deseos sexuales no son satisfechos dentro del matrimonio, pueden llevar a relaciones o conductas ilegales, ilícitas, como el adulterio, la pornografía, la masturbación, etcétera.

**Testimonio:** En una oportunidad, un padre fue puesto en la cárcel porque abusó sexualmente de su hija. Cuando se le ministró liberación, él admitió su pecado. Pero una de las razones que él reconoció que lo llevaron a esto, fue que su esposa se había negado a tener relaciones sexuales con él por un período largo de tiempo. Después de eso, él comenzó a ver a su hija con lujuria. Y aunque ésta no es disculpa suficiente para un abuso, sí vemos que se le abrió una puerta al enemigo para que destruyera esa familia. Por esta razón, es necesario que la pareja dialogue acerca del rechazo que existe por parte de la persona que se está negando, para que el problema pueda ser corregido y el enemigo no tome ventaja. Recuerde, la comprensión es muy importante en estos casos.

## ¿Cuáles son las causas de la frigidez sexual?

Recientes investigaciones demuestran que no existe una causa específica para la frigidez. Pero los principales detonadores de este problema pueden tener origen espiritual, emocional o físico. Vamos a estudiar ahora, las causas más comunes.

1. **Abuso sexual del pasado.** Esta causa puede ser tan catastrófica en la vida de una persona, que la puede llevar hasta la misma muerte. Algunos problemas de frigidez pueden venir desde la niñez, como resultado de algún incesto, o cuando algún miembro cercano a la familia molestó sexualmente al niño/a.

Cuando una persona ha sido abusada sexualmente, es afectada en diferentes áreas de su vida; y las consecuencias son muchas. Por ejemplo: resentimiento, venganza, culpabilidad, falta de perdón, amargura, temor a los hombres, y temor a tener relaciones sexuales. Todos estos traumas y recuerdos del pasado causan que la mujer no pueda disfrutar del acto sexual en su matrimonio; sino que, por el contrario, cuando lo hace, se sienta culpable y vea el sexo como algo sucio y despreciable, en lo cual no quiere participar.

La frigidez sexual, causada por algún abuso sexual del pasado puede llevar a destruir una familia; y la mujer que la sufrió no tiene ninguna oportunidad de vivir una vida normal, sino solamente por la intervención del amor y el poder de Jesucristo. El Señor es el único que puede sanar, liberar y restaurar a una mujer en esta condición. La voluntad de Dios es que la mujer pueda disfrutar de la relación sexual con su esposo y que pueda llegar al orgasmo cada vez que ésta ocurra.

2. **La fatiga física y emocional y el sobrepeso.** Las funciones normales del cuerpo se ven debilitadas cuando una persona está fatigada. Una mujer cansada física y emocionalmente no será una esposa cariñosa. También, a la mujer le molesta estar con sobrepeso y experimenta una fuerte baja en su autoestima. Se siente fea y que ya no es atractiva. La solución a estas causas de la frigidez es muy simple: descanse, tome un tiempo para vacacionar, y comience una dieta y un programa de ejercicios diarios.

3. **La musculatura vaginal débil.** Este problema les sucede a todas las mujeres después que han dado a luz. Es una vagina excesivamente relajada, cuyos músculos adyacentes —que la mantenían firme y sensible— comienzan a hundirse. Esto sucede también, cuando la mujer llega a la mediana edad.

Se estima que dos tercios de las mujeres que no pueden tener orgasmos padecen este problema; pero la solución es simple. Existen ciertas técnicas que los doctores recomiendan, las cuales prometen remedio a este trascendental problema, sin mayores complicaciones.

## ¿Cuál es el obstáculo más grande en la vida sexual de un hombre?

**La impotencia sexual.** Uno de los grandes problemas de la medicina de hoy, es resolver la impotencia sexual en los hombres. Casi no pasa un día sin que acuda un hombre al médico debido a problemas de impotencia. Pero, por otro lado, existen muchos hombres que no se dan cuenta de esto hasta que han alcanzado cierta edad. Por eso, es importante que usted conozca su cuerpo. Hay hombres que saben más de deportes que de su propio cuerpo. Por tanto, aprendamos un poco más.

El instinto sexual en el hombre alcanza su cúspide entre los 18 y los 22 años. A partir de esa edad, comienza a menguar lentamente; tan lentamente, que la mayoría de los hombres no se percata de eso hasta pasados los treinta años, o a finales de los cuarenta. Y muchos no lo detectan sino hasta los sesenta.

La primera vez que el hombre se da cuenta de que ya no puede eyacular, su mal se convierte en tragedia. Después de los cuarenta años, el órgano sexual del hombre es su cerebro. Es decir, según la idea que tenga de sí mismo, así será su funcionamiento sexual. Si se considera fuerte y efectivo, así será.

Las investigaciones muestran que la impotencia sexual de los hombres va en aumento y a pasos acelerados. Por esta razón, es muy importante que los hombres sepan cómo lidiar con ella. El hombre debe saber, por ejemplo, que una gota de semen contiene 300 millones de espermatozoides, y que puede llegar a eyacular de dos a cinco veces por día, dependiendo de la edad.

**La eyaculación prematura.** Éste es otro gran obstáculo para la realización del hombre en el área sexual. Evita que el varón tenga una vida sexual normal. Para entender bien en qué consiste esto, primero tenemos que definir lo que es eyaculación.

## ¿Qué es eyaculación?

Es el momento en el cual el hombre llega al clímax de la satisfacción sexual, en su relación íntima con la mujer; y emite, por el pene, un líquido llamado semen. Sabiendo lo que es la eyaculación, podemos responder entonces, ¿qué es la eyaculación prematura?

La eyaculación prematura es la inhabilidad de retener la emisión de semen durante el tiempo que toma llevar a la esposa a su clímax. Esta dificultad aqueja más a hombres jóvenes que a los de mediana edad, y como triste consecuencia, éstos se sienten deficientes y tienen esposas insatisfechas.

## ¿Cuáles son algunas de las causas de la impotencia sexual?

Las causas de la impotencia sexual en el hombre, al igual que las causas de la frigidez en la mujer, pueden ser de origen espiritual, emocional o físico. Vamos a estudiar algunas de ellas.

1. **La influencia de un espíritu de enfermedad.** Esto puede ser una maldición generacional, un espíritu maligno provocando alguna enfermedad física, como la impotencia o la esterilidad, etcétera.

2. **Un espíritu de temor.** Cuando el hombre se da cuenta de su impotencia sexual, se desatan en su interior todo tipo de temores. Por ejemplo: temor al rechazo de su esposa, temor a no poder satisfacerla, temor a ser comparado con otro hombre, temor a perder la capacidad de erección, temor a no poder eyacular. Todo esto puede provocar también un espíritu de culpabilidad.

3. **La falta de perdón y la amargura.** Hay muchos hombres que son impotentes por los grandes problemas de falta de perdón, amargura y odio que cargan en su corazón. Es necesario que perdonen primero, para luego poder salir de este problema.

4. **Un pobre estado físico y la obesidad.** Es importante que cada hombre desarrolle hábitos de

ejercicio físico y comience una dieta saludable. Pues, cuando esto ocurre y el hombre logra tener un buen estado físico, manteniéndose en un peso saludable, su autoestima se levanta, y esto le lleva a estar más activo sexualmente.

Podemos encontrar más causas para la impotencia, tales como: fumar, los problemas mentales, depresión, drogas, alcohol, o la masturbación –que es un ladrón del amor–. Aunque también, pueda que exista algún problema ocasionado por el lado de la esposa.

**Algunos consejos para que el hombre pueda disfrutar la relación sexual con su mujer.**

- Estudie para que pueda conocer su cuerpo.

- Busque siempre la satisfacción de su esposa primero y luego la suya.

- Recuerde que la mujer debe ser estimulada con caricias, palabras suaves y roces de ternura. Quizá usted tiene prisa, pero ella no.

- Ame a su esposa como la persona que es –no es un objeto–. Un hombre gana el afecto de su mujer cuando la ama como persona.

- Prepare el ambiente con su esposa desde el comienzo del día, para que ella responda positivamente por la noche.

- Escoja palabras que sanen el corazón de su esposa. Hágala sentir apreciada, linda; que usted la encuentra atractiva, que la necesita. Mantenga una línea de comunicación abierta siempre. Porque, cuando el hombre hace estas cosas, entonces la mujer responde al acto sexual positivamente.

**Algunos consejos para que la mujer disfrute de la relación sexual con su esposo.**

❖ Tenga una actitud correcta hacia el sexo y conozca su responsabilidad en cuanto al deber conyugal.

❖ Es importante que la mujer tenga una mentalidad saludable, específicamente en estas tres áreas:

- Lo que piensa acerca del sexo
- Lo que piensa de sí misma
- Lo que piensa de su esposo

Cuando la mujer tiene una forma de pensar saludable en estas tres áreas, entonces, puede llegar a disfrutar del sexo en su matrimonio.

❖ Es importante que la mujer cuide su aspecto físico, maquillándose, manteniendo la higiene, cuidando todo su cuerpo y luciendo siempre femenina.

❖ La mujer debe entender que el hombre se estimula por la vista.

❖ No tome una actitud pasiva con su esposo cuando va al acto sexual, sino, correspóndale apropiadamente.

❖ Cuando usted ya ha tratado todo y todavía no se siente realizada en el acto sexual, pida la gracia del Espíritu Santo, para que le ayude. Él le dará el favor y el poder para lograrlo; pues, es la voluntad de Dios que las parejas cristianas disfruten del sexo en el matrimonio.

## Resumen

→ Dios es el creador del sexo; por lo tanto, es algo hermoso y fue hecho para que lo disfrutemos.

→ El parámetro para tener sexo es el matrimonio. El amor no es razón suficiente para tener relaciones sexuales si la pareja no se ha casado.

→ El hombre y la mujer deben cumplir con el deber conyugal para que Satanás no los tiente con una relación o prácticas ilícitas.

→ El obstáculo más grande que impide que la mujer disfrute del acto sexual es la frigidez.

→ La frigidez sexual es causada por abusos del pasado, fatiga emocional y física; o debilidad en la musculatura vaginal.

→ La impotencia sexual y la eyaculación prematura son uno de los grandes problemas que enfrenta el hombre en el área sexual.

→ La impotencia sexual puede ser causada por la influencia de un espíritu maligno, por temor, falta de perdón, amargura, un mal estado físico o sobrepeso.

→ Es de extrema importancia que el hombre y la mujer piensen correctamente acerca del sexo, de sí mismos y de su cónyuge.

## Oración de renunciación

Si usted, hombre o mujer, tienen problemas de impotencia o frigidez, y quieren ser libres de ello, hagan esta oración en voz alta y con fe:

"Padre Celestial, yo me arrepiento con todo mi corazón de toda falta de perdón, amargura y resentimiento que he guardado en mi corazón. Yo, voluntariamente, perdono a todos aquellos que abusaron de mí y me molestaron sexualmente en mi niñez o adolescencia. Padre Celestial, te pido perdón por haberme negado sexualmente a mi cónyuge; y ahora mismo, renuncio al espíritu de abuso sexual, impotencia, temor, culpabilidad, vergüenza, rechazo, frigidez emocional y sexual; falta de perdón y amargura. Renuncio a toda maldición generacional de frigidez e impotencia; la rompo y la echo fuera en el nombre de Jesús. Renuncio, también, al espíritu de masturbación. Ahora, Padre Celestial, te pido que sanes cualquier problema físico en mi cuerpo que pueda estar afectando mi área sexual, y me declaro sano y libre. ¡Ahora mismo!".

Comience, ahora, a respirar profundo y deje que el Espíritu Santo lo haga libre. ¡Sea libre...! Créalo por fe. ¡Amén!

Si usted hizo esta oración en voz alta, vuelva a repetirla una y otra vez. Comience a respirar profundo y ordénele a todo espíritu del enemigo que salga de su cuerpo. ¡Amén!

Amigo lector, ahora yo mismo oro por usted, lo declaro libre y sano; y declaro que su vida sexual cambia para bien y es restaurada, en el nombre de Jesús. ¡Amén!

**Algunas preguntas acerca del sexo en el matrimonio.**

1. **¿Es permitido por Dios, el sexo oral y anal en la relación sexual?**

   No, no es permitido. Más bien es considerado una aberración sexual. Dios creó cada órgano del cuerpo para que cumpliera una función específica. La boca la hizo para alabarle a Él y para ingerir los alimentos; no para introducir el órgano sexual. Además los médicos han sido muy claros al decir que a través de esta práctica se pueden introducir muchos microbios en la boca de la persona. La Biblia no nos dice nada al respecto, pero yo he encontrado que las personas que practican sexo oral dan lugar a que entren espíritus de lujuria a sus vidas.

2. **¿Qué es la menopausia y cuál es su causa?**

106

La menopausia es una disminución gradual de la actividad ovular en la mujer.

A medida que una mujer avanza en edad, su reserva de estrógenos, responsables de la producción de óvulos, comienza a disminuir; lo que origina irregularidades en la menstruación. A esto se le llama el período de la menopausia. Como consecuencia, puede ocurrir la caída de senos, ensanchamiento de caderas y aumento de peso. Algunas mujeres se quejan porque sienten mucho calor, mientras otras sufren depresiones o se vuelven irritables. Toda mujer que tiene estos síntomas debe acudir a su médico; pero sobre todo, debe orar al Señor que la rejuvenezca, mientras mantiene una actitud mental positiva.

**3. ¿A qué edad comienza la menopausia?**

A los cuarenta años, para la mayoría de mujeres; pero la cesación del período menstrual no ocurre, generalmente, hasta mediados de los cincuenta.

**4. ¿Se puede tener sexo durante la menstruación?**

*"¹⁹Y no llegarás a la mujer para descubrir su desnudez mientras esté en su impureza menstrual". Levítico 18.19*

En el Antiguo Testamento, Dios prohibía el acto sexual durante el tiempo de menstruación. Yo creo que es porque no es higiénico y porque, además, los órganos de la mujer se ponen muy delicados durante ese período. Los médicos modernos dicen que no es dañino; pero yo prefiero dejarme guiar por la palabra de Dios.

**5. ¿Se puede tener sexo durante el embarazo?**

Sí, se puede. Los médicos recomiendan tener relaciones hasta seis semanas antes de dar a luz.

**6. ¿Puede usarse el sexo como arma para manipular y controlar al cónyuge?**

¡No! No es correcto; y la Biblia lo prohíbe. Esto puede usarlo el enemigo como una puerta de entrada para que un espíritu de manipulación y control ataque la vida de las personas.

**7. ¿Puede un hombre adulterar con su mente y su corazón?**

¡Sí! Por tal motivo, es importante no jugar con ese tipo de pensamientos. El adulterio puede cometerse con los ojos, la mente, el corazón y el cuerpo.

*"28Pero yo os digo que cualquiera que mira a una mujer para codiciarla, ya adulteró con ella en su corazón".* *Mateo 5.28*

CAPÍTULO VI

# LA SANTIFICACIÓN

C omo lo hemos venido estudiando, Dios creó el sexo puro y santo. Lamentablemente, el diablo lo utiliza para perpetrar aberraciones y depravaciones que conducen a los hombres a cometer actos ilícitos y destructivos. De ahí se derivan una gran cantidad de pecados sexuales. En este capítulo, estudiaremos la solución dada por Dios para vencer este tipo de pecados: la santificación.

**¿Cuál es la voluntad de Dios para los creyentes que cometen estos actos inmorales?**

La voluntad de Dios es la santificación de sus hijos.

"*3...pues la voluntad de Dios es vuestra santificación; que os apartéis de fornicación...*". *1 Tesalonicenses 4.3*

**¿Qué significa ser santo?**

Santo es aquel que es separado, consagrado y apartado para Dios. Esto no significa que sea perfecto, sino que se refiere a los que han aceptado a Jesús como el Señor y Salvador de sus vidas.

La voluntad de Dios es que nos separemos, nos apartemos de la fornicación, del adulterio, la inmundicia, la homosexualidad, la masturbación y el resto de prácticas sexuales ilícitas.

## ¿Cómo nos separamos o apartamos de este tipo de pecado?

❖ Huyendo de ellos.

*"⁶Y dejó todo lo que tenía en mano de José, y con él no se preocupaba de cosa alguna sino del pan que comía. Y era José de hermoso semblante y bella presencia. ⁷Aconteció después de esto, que la mujer de su amo puso sus ojos en José, y dijo: Duerme conmigo. ⁸Y él no quiso, y dijo a la mujer de su amo: He aquí que mi señor no se preocupa conmigo de lo que hay en casa, y ha puesto en mi mano todo lo que tiene. ⁹No hay otro mayor que yo en esta casa, y ninguna cosa me ha reservado sino a ti, por cuanto tú eres su mujer; ¿cómo, pues, haría yo este grande mal, y pecaría contra Dios? ¹⁰Hablando ella a José cada día, y no escuchándola él para acostarse al lado de ella, para estar con ella, ¹¹aconteció que entró él un día en casa para hacer su oficio, y no había nadie de los de casa allí. ¹²Y ella lo asió por su ropa, diciendo: Duerme conmigo. Entonces él dejó su ropa en las manos de ella, y huyó y salió". Génesis 39.6-12*

## ¿Por qué huir y no resistir la tentación?

Si no se huye de la tentación sexual, sino que se entretiene o juega con ella, ésta se volverá diez veces más fuerte que usted. Para ese entonces, la probabilidad que usted tenga de vencerla será mínima. Cuando leemos la narración, nos damos cuenta que José tomó la decisión de huir y salir corriendo de la tentación; no fue otra persona que tomó la decisión por él. Esto nos dice que, si Dios ya estableció que su voluntad es nuestra santificación, tenemos que escoger apartarnos, separarnos y huir de la inmoralidad sexual.

## ¿Qué le dio a José la gracia para poder huir y vencer la tentación?

El Espíritu Santo puso el temor de Dios en él, y reflexionó diciendo: *"¿cómo pues haría yo este grande mal, y pecaría contra Dios?"* Pídale al Espíritu Santo que le ponga el temor de Dios en sus ojos, en su mente, en su cuerpo y en su corazón. Nosotros tomamos la decisión de huir, pero el Espíritu Santo nos da la gracia y la fuerza para hacerlo. Todos los creyentes tenemos una gracia divina en nuestra vida. Eso no significa que no debamos estar listos para huir de la tentación. En el Nuevo Testamento, el Señor nos habla también de qué hacer con los pecados sexuales.

*"18Huid de la fornicación. Cualquier otro pecado que el hombre cometa, está fuera del cuerpo; mas el que fornica, contra su propio cuerpo peca".* 1 Corintios 6.18

Aquí, la palabra **huir** da la misma idea de cuando una bomba va a explotar y tenemos que salir corriendo desesperadamente, para no morir en la explosión. Cuando una bomba va a explotar, uno corre para salvar su vida. Lo mismo debemos hacer con la tentación sexual; porque, si caemos en ella, moriremos.

Pablo también menciona que los jóvenes, de la misma manera, deben huir de estas cosas.

*"²²No impongas con ligereza las manos a ninguno, ni participes en pecados ajenos. Consérvate puro". 1 Timoteo 5.22*

Los pecados de los que habla el apóstol, son muy fuertes: deseos malos, inmoralidad sexual, codicia; experiencias contrarias a la voluntad de Dios.

*"³...pues la voluntad de Dios es vuestra santificación; que os apartéis de fornicación...". 1 Tesalonicenses 4.3*

Otra vez nos da a nosotros la responsabilidad de separarnos y apartarnos. Nosotros tomamos la decisión y el Espíritu Santo nos da la gracia y la fuerza para hacerlo.

## ¿Qué sucede si no nos apartamos de la inmoralidad sexual?

La unción y la presencia de Dios se apartarán de nosotros.

*"²⁴Para que te guarden de la mala mujer, de la blandura de la lengua de la mujer extraña. ²⁵No codicies su hermosura en tu corazón, ni ella te prenda con sus ojos; ²⁶porque a causa de la mujer ramera el hombre es reducido a un bocado de pan; y la mujer caza la preciosa alma del varón. ²⁷¿Tomará el hombre fuego en su seno sin que sus vestidos ardan? ²⁸¿Andará el*

*hombre sobre brasas sin que sus pies se quemen? ²⁹Así es el que se llega a la mujer de su prójimo; no quedará impune ninguno que la tocare. ³⁰No tienen en poco al ladrón si hurta para saciar su apetito cuando tiene hambre; ³¹pero si es sorprendido, pagará siete veces; entregará todo el haber de su casa. ³²Mas el que comete adulterio es falto de entendimiento; corrompe su alma el que tal hace. ³³Heridas y vergüenza hallará, y su afrenta nunca será borrada". Proverbios 6.24-33*

Este tipo de pecado ha sido el que ha destruido a grandes hombres y mujeres de Dios, que un día se movieron bajo una unción poderosa, y cuyas manos fueron usadas por Dios para realizar milagros extraordinarios. Asimismo, matrimonios de muchos años fueron destruidos en un instante, negocios florecientes cayeron, hombres saludables y fuertes, en un momento, murieron de Sida u otras enfermedades. Sin excepción, todo acto inmoral trae graves consecuencias, tales como: la destrucción de familias, la desobediencia y la rebeldía de los hijos. Aquellos hijos que antes eran obedientes, se terminan yendo de sus casas, drogadictos, llenos de odio y rencor, por causa de la inmoralidad sexual de sus padres.

Este pecado ha herido y ha matado a muchos hijos de Dios.

*"²⁶Porque a causa de la mujer ramera el hombre es reducido a un bocado de pan; Y la mujer caza la preciosa alma del varón". Proverbios 6.26*

El ejemplo de Sansón:

*"²⁴Y la mujer dio a luz un hijo, y le puso por nombre Sansón. Y el niño creció, y Jehová lo bendijo. ²⁵Y el Espíritu de Jehová comenzó a manifestarse en él en los campamentos de Dan, entre Zora y Estaol". Jueces 13.24, 25*

*"⁶Y el Espíritu de Jehová vino sobre Sansón, quien despedazó al león como quien despedaza un cabrito, sin tener nada en su mano; y no declaró ni a su padre ni a su madre lo que había hecho". Jueces 14.6*

*"¹⁴Y así que vino hasta Lehi, los filisteos salieron gritando a su encuentro; pero el Espíritu de Jehová vino sobre él, y las cuerdas que estaban en sus brazos se volvieron como lino quemado con fuego, y las ataduras se cayeron de sus manos. ¹⁵Y hallando una quijada de asno fresca aún, extendió la mano y la tomó, y mató con ella a mil hombres". Jueces 15.14, 15*

Dios comenzó a usar a Sansón de una manera poderosa, hasta que una mujer lo tentó y lo destruyó.

*"⁴Después de esto aconteció que se enamoró de una mujer en el valle de Sorec, la cual se llamaba Dalila". Jueces 16.4*

*"¹⁵Y ella le dijo: ¿Cómo dices: Yo te amo, cuando tu corazón no está conmigo? Ya me has engañado tres veces, y no me has descubierto aún en qué consiste tu gran fuerza. ¹⁶Y aconteció que, presionándole ella cada día con sus palabras e importunándole, su alma fue reducida a mortal angustia. ¹⁷Le*

LA SANTIFICACIÓN

*descubrió, pues, todo su corazón, y le dijo: Nunca a mi cabeza llegó navaja; porque soy nazareno de Dios desde el vientre de mi madre. Si fuere rapado, mi fuerza se apartará de mí, y me debilitaré y seré como todos los hombres. [18]Viendo Dalila que él le había descubierto todo su corazón, envió a llamar a los principales de los filisteos, diciendo: Venid esta vez, porque él me ha descubierto todo su corazón. Y los principales de los filisteos vinieron a ella, trayendo en su mano el dinero. [19]Y ella hizo que él se durmiese sobre sus rodillas, y llamó a un hombre, quien le rapó las siete guedejas de su cabeza; y ella comenzó a afligirlo, pues su fuerza se apartó de él. [20]Y le dijo: ¡Sansón, los filisteos sobre ti! Y luego que despertó él de su sueño, se dijo: Esta vez saldré como las otras y me escaparé. Pero él no sabía que Jehová ya se había apartado de él". Jueces 16.15-20*

Uno de los héroes de Dios, un gigante del Dios Altísimo, murió entre escombros y sin ojos; cayó herido y muerto por el pecado de adulterio y fornicación. Murió joven y no terminó su propósito en la tierra. A diferencia de José, Sansón, en ningún momento, huyó ni se apartó, y el pecado se hizo tan fuerte que redujo su alma a la angustia y terminó muerto. Sin embargo, José huyó. Es cierto que él fue a la cárcel por hacer lo bueno, pero terminó en el palacio del Faraón como primer ministro después de todo lo que le había sucedido.

Lo único que Dios tiene que hacer para que nos vaya mal en todo, no es cortarnos las finanzas, no es mandarnos una enfermedad ni un rayo, sino quitarnos su unción y su presencia. Cuando la presencia y la unción de Dios no están con nosotros, todo lo que tocamos se vuelve estéril, se seca, se detiene, se muere; por lo tanto, no podemos darnos el lujo de continuar pecando.

Sansón era un hombre grandemente ungido, pero sin santidad. El poder, sin el carácter, es peligroso; porque, cuanto mayor es el poder, mayor es la caída. Sin embargo, en el caso de David, fue diferente, ya que él estaba poderosamente ungido y andaba en santidad.

**¿Cuáles son los tres niveles de santidad, santificación y separación a los que Dios nos va a llevar?**

Una vez que tomemos la decisión de apartarnos o separarnos; y nos demos cuenta que la santidad es la voluntad de Dios, entonces Él nos llevará por un proceso de santificación. Hay dos palabras en el griego y el hebreo respectivamente: *"nazar"*, que significa separar o apartar **de**, y *"q'adesh"* que significa separar o apartar **para**.

**1. Dios nos separó o "apartó de" el pecado.**

Jesús venció en la cruz y nos separó de la raíz de todo pecado, y ahora tenemos dominio sobre él. Cuando nacimos de nuevo, se nos dio esa autoridad. Por consiguiente, el pecado no se puede enseñorear de nosotros.

*"¹⁴Porque el pecado no se enseñoreará de vosotros; pues no estáis bajo la ley, sino bajo la gracia". Romanos 6.14*

La razón por la cual hay muchos creyentes que están todavía luchando con los pecados, es que no han creído la promesa de Dios, la cual nos dice que somos libres de pecado.

## 2. Dios nos "separa de" el mundo.

Dios, en su palabra, nos ordena a separarnos del mundo, pues no se puede ser amigo de Dios y amigo del mundo.

*"⁴¡Oh almas adúlteras! ¿No sabéis que la amistad del mundo es enemistad contra Dios? Cualquiera, pues, que quiera ser amigo del mundo, se constituye enemigo de Dios".* Santiago 4.4

Hay ciertas cosas del mundo a las que estamos apegados, que amamos y que aún practicamos. Pero debemos tomar la decisión de separarnos de ellas. Por ejemplo: la música, el baile, el vocabulario, el trago, las amistades, etcétera.

## 3. Dios nos aparta o nos separa de cosas buenas.

Cuando hacemos cosas buenas, pero éstas ocupan el primer lugar, antes que Dios, el Señor nos las va a quitar, con el fin de separarnos para Él. Algunas cosas pueden ser una amistad muy cercana, un deporte, un hobby, etcétera.

## 4. Dios nos separa o aparta (*q'adesh*) para Él.

Muchos de los hombres que cayeron en pecado se *"separaron del"* pecado, se *"separaron del"* mundo, se *"apartaron de"* las cosas buenas, pero nunca se *"separaron para"* Dios.

Ésta es la etapa donde escogemos servir a Dios con nuestros talentos, con nuestro dinero; escogemos hacer el propósito de Dios y hacer su voluntad, no importa el precio que tengamos que pagar.

Separarse o apartarse para Dios implica muchas cosas:

* Desarrollar una relación íntima con Dios todos los días, de manera que ésta se convierta en continua, creciente y perseverante.

* Establecer una separación por medio de la oración y el ayuno, y tener esto como un estilo de vida.

* Servir a Dios con todo nuestro corazón, y cumplir su propósito.

* Comprometernos con el Señor en espíritu, alma y cuerpo.

* Comprometernos a ser verdaderos discípulos de Jesús, y ganadores de almas para el Reino.

* Desarrollar una obsesión y pasión por predicar, enseñar y extender el reino de Dios a todos los lugares.

## ¿Cuál es la promesa de Dios para aquellos que se separan, apartan (*q'adesh*) para Él?

*"¹⁹Pero el fundamento de Dios está firme, teniendo este sello: Conoce el Señor a los que son suyos; y: Apártese de iniquidad todo aquel que invoca el nombre de Cristo. ²⁰Pero en una casa grande, no solamente hay utensilios de oro y de plata, sino también de madera y de barro; y unos son para usos honrosos, y otros para usos viles. ²¹Así que, si alguno se limpia de estas cosas, será instrumento para honra, santificado, útil al Señor, y dispuesto para toda buena obra". 2 Timoteo 2.19-21*

El objetivo final de Dios es llevarnos a ser instrumentos, vasos útiles, honrosos para su Reino y llevarnos a una completa pureza y santidad. Dios no es el que determina qué tipo de vaso seremos en sus manos, ya sea vasos de plata, madera, barro u oro. Nosotros somos los que determinamos qué vasos queremos ser, al apartamos de toda iniquidad sexual y de todo pecado.

David pecó, pero se arrepintió y se humilló. Por eso Dios lo restauró para que fuese rey de Israel. David vivía apartado para Dios y separado en el desierto, en su presencia. Sansón, en cambio, no dio muestras de humildad, ni de vivir en oración, separado en la presencia de Dios. Él no se separó para Dios. Estamos viviendo en un tiempo cuando Dios juzgará a aquellos creyentes que han estado practicando el pecado como estilo de vida. El Señor ha estado esperando que nos apartemos y separemos de la inmoralidad, del mundo y aun de cosas y personas que están obstaculizando nuestra consagración a Él. Por eso, el tiempo está llegando cuando Dios tiene que juzgar nuestra condición.

¿Está usted dispuesto a apartarse de la inmoralidad sexual? ¿Desea obedecer a Dios y dejar amistades y cosas del mundo que aún ama? ¿Está disponible para consagrarse, dedicarse y apartarse, para que solamente Dios lo use? ¿Desea usted ser instrumento de honra para Dios? ¿Está dispuesto a comprometerse a servir a Dios con todo su ser, sin importar lo que le cueste? Si contesta sí a todas estas preguntas, usted es un fuerte candidato para ser llamado amigo de Dios, separado para su servicio, listo para ser un instrumento en sus manos; alguien que le lleve gloria y que haga avanzar su Reino en toda la tierra.

En mi caso, llegué a la convicción de que nací para servir a Dios y separarme para Él por el resto de mi vida; para expandir su Reino.

**Resumen:**

→ La voluntad de Dios es la santificación y la separación del creyente de la inmoralidad sexual.

→ Los creyentes somos santos porque hemos sido separados y apartados para Dios.

→ La manera de separarnos de la inmoralidad sexual, es huyendo y apartándonos de ella.

→ Nosotros somos los que tomamos la decisión de huir y Dios nos da la gracia para hacerlo.

→ Si nos apartamos de la inmoralidad sexual, la unción y la presencia de Dios no se apartarán de nosotros.

→ Sansón fue destruido por el pecado sexual.

→ Los cuatro niveles de santidad los cuales cada creyente experimentará son: la separación del pecado, del mundo, de las cosas buenas que lo alejan de su propósito; y finalmente, será apartado para Dios y será instrumento de honra en sus manos.

→ Debemos juzgarnos a nosotros mismos, tomar la decisión y tener el anhelo de convertirnos en instrumentos útiles en las manos de Dios; y de querer expandir su Reino en la tierra.

# BIBLIOGRAFÍA

*Biblia Plenitud.* 1960 Reina-Valera Revisión, ISBN: 089922279X, Editorial Caribe, Miami, Florida.

Dewberry, Harold R, PhD. *Feed my Sheep, Feed my Lambs.*

Dewberry, Harold R, PhD. New Vine Press, PO Box 17, Chichester West Sussex, PO 20 6YB, England, Copyright 1993, ISBN: 1874367396, Third edition 1995.

*Diccionario Español a Inglés, Inglés a Español.* Editorial Larousse S.A., impreso en Dinamarca, Núm. 81, México, ISBN: 2-03-420200-7, ISBN: 70-607-371-X, 1993.

*El Pequeño Larousse Ilustrado.* 2002 Spes Editorial, S.L. Barcelona; Ediciones Larousse, S.A. de C.V. México, D.F., ISBN: 970-22-0020-2.

*Expanded Edition the Amplified Bible.* Zondervan Bible Publishers. ISBN: 0-31095168-2, 1987 – Lockman Foundation, USA.

Gibson, Noel y Phyl. *Evicting Demonic Intrudors.* New Vine Press, PO Box 17, Chichester West Sussex, PO 20 6YB, England, Copyright 1993, ISBN: 1874367094

Hewett, James S. *Illustrations Unlimited.* Tyndale House Publishers, Inc., Wheaton, Illinois, 1988.

Hobson, Peter. *Sex and Morality and Demons*, 1ra edición, impreso en Srilanka por New Life Literature, LTD Kata Nunayake, 1996, p. 85. ISBN: 0947252088.

Horrobin, Peter J. *Healing Throught Deliverance*, The Biblical Basis (volume 1), edition 1991, 1994.

Horrobin, Peter J. *Healing Throught Deliverance*, The Practical Ministry (volume 2), 1995 first edition, Sovereigh World Ltd., PO Box 777 4 on Bridge, Kent, TN 11 9XT, England, ISBN: 1-85240-039-0.

LaHaye, Tim Beverly. *El Acto Matrimonial*, edición 1976, Zondervan Corporations Grand Rapids, Michigan, 1976, impreso en Barcelona, España, pp. 30, 31, 124, 126, 196, 198. ISBN: 84-7228-269-4

*Reina-Valera* 1995 - Edición de Estudio, (Estados Unidos de América: Sociedades Bíblicas Unidas) 1998.

Strong James, LL.D, S.T.D., *Concordancia Strong Exhaustiva de la Biblia*, Editorial Caribe, Inc., Thomas Nelson, Inc., Publishers, Nashville, TN - Miami, FL, EE.UU., 2002. ISBN: 0-89922-382-6.

*The New American Standard Version.* Zordervan Publishing Company, ISBN: 0310903335.

*The Tormont Webster's Illustrated Encyclopedic Dictionary.* ©1990 Tormont Publications.

Vine, W.E. *Diccionario Expositivo de las Palabras del Antiguo Testamento y Nuevo Testamento.* Editorial Caribe, Inc./División Thomas Nelson, Inc., Nashville, TN, ISBN: 0-89922-495-4, 1999.

Ward, Lock A. *Nuevo Diccionario de la Biblia.* Editorial Unilit: Miami, Florida, ISBN: 0-7899-0217-6, 1999.

http://www.geocities.com/gusmatflo/elabusosexual

http://www.helpandhealing.org/AyudaParaVictimas.htm

http://www.fundaciontamar.net/Area%20Fisica/Abuso%2 0sexual/Que_es_el_abuso_sexual.htm

## ESTADÍSTICAS

[1] Rachel Benson Gold, Abortion and Women's Health, New Cork and Washington DC: The Alan Guttmacher Institute, 1990, p. 11; Ibid., p. 20.

[2] Ibid., p. 19.

[3] El Centro para el Control de las Enfermedades de los EE. UU. reporta que el promedio de abortos, para el año 1987, fue de 356 por cada 1,000 nacimientos. Abortion Surveillance Summaries, junio 1990, p. 23, últimos datos disponibles.

[4] Gold, p. 11, reporta un total de 6,355,000 embarazos y 1,600,000 abortos.

[5] Christopher Tietze and Stanley K. Henshaw, Induced Abortion: A World Review, 6th ed. (New York: Alan Guttmacher Institute, 1986).

[6] Stanley K. Henshaw and Jennifer Van Vort, Teenage Abortion, Birth and Pregnancy Statistics: An Update, Family Planning Perspectives, Vol. 20, Num. 4, March/April 1989, the Alan Guttmacher Institute, pp. 85, 86.

[7] Alan Guttmacher Institute, Facts in Brief (1989).